琳琅

清代鼻烟壶

PRECIOUS SNUFFS OF THE QING DYNASTY

项晓群　钟国苗　刘新岩　著

西泠印社出版社

壶天馨境

Brilliance of Bottles

清代鼻烟壶特展

Special Exhibition of Snuff Bottles of Qing Dynasty

展览时间

12/27/2022
02/06/2023

展览地点

中国航海博物馆第一临展厅

主办单位

中国航海博物馆
上海舜虞企业管理有限公司

序

《琳琅：清代鼻烟壶》是继《琳琅：清代宫廷玻璃器》之后的又一本个人收藏集，也是在中国航海博物馆和几品精舍共同举办藏品展期间同步出版的一本展览图集，书中收录了刘新岩与项晓群师徒二人的部分藏品，包含清代各个时期各种材质的鼻烟壶三百多件，其中不少烟壶是同类中的佼佼者，堪称独一无二。出版展览是个人对阶段性收藏的一个梳理总结，也是一次展示与分享，是收藏者的乐趣所在。物润其心，收藏是一种心态，也是一种修行，在执念中得舍相宜。

鼻烟壶是清代艺术的重要标志之一。它承载着历史的沉淀与文化的赓续。通过对鼻烟壶的收集和把玩，可以深入了解当时的社会背景与生活方式，感受历史的厚重与变迁。鼻烟壶起源于西方，却在我国发扬光大，它是中西文化的产物，更是中华民族智慧的结晶。希望通过这次鼻烟壶的展览与出版，让大家更多地了解鼻烟以及鼻烟壶的来龙去脉与发展历程，共同见证中华文明遗留的吉光片羽。

项晓群

2023 年 1 月于上海

目录

鼻烟壶概论

项晓群

鼻烟壶是一种盛放鼻烟的容器。要了解鼻烟壶，我们还得先说一说鼻烟，这两者的关系相互依存不可分割，如果离开鼻烟，鼻烟壶就失去了它的意义。

鼻烟是一种无烟烟草制品，用鼻子吸闻。烟草最早起源于美洲印第安人部落，1492 年哥伦布率探险队在圣萨尔瓦多岛登陆，从此揭开了烟草历史的新篇章。

鉴于烟草对美洲土著人健康的特殊贡献，他们在祭祀或谈判时将抽烟作为庄严仪式的一部分，并常以此治疗各种疾病如感冒、头痛、创伤、脓疮溃烂，甚至用于麻醉、止血等。

随着通往美洲航道的开通，欧美大陆之间的往来日益频繁，烟叶和烟草种植技术被带到欧洲，欧洲人发现烟草不仅有特殊的芳香气味，还有解乏提神、止痛和其他诸多药用功能，于是渐渐传播开来。

鼻烟在 18 世纪的西方是一种高等级消费品。它是一种将烟叶由干法或湿法工艺加工而成的烟草粉末制品，选取晒烟、熏烟、烤烟，或上述任意组合，磨制成特定目数的粉末，按照既定配方添加香料，还需要经过数年的密封窖藏，即“陈化”而成。

鼻烟有紫黑、老黄、嫩黄等多种颜色。气味醇厚、辛辣，具有提神、辟疫、活血之功效。鼻烟对烟叶等级的要求高于雪茄和卷烟。鼻烟香料包括植物果实、种子、根茎的精油或提取物（薄荷、冰片），动物香精（龙涎香、海狸香、狸猫香、麝香等）以及矿物类香料（如琥珀）等。

鼻烟最初由欧洲传入中国时，装在大小各异的各种玻璃瓶里，口盖密封后，配套置于匣内，再用木箱包装，由海船运入。故宫博物院还收藏着清宫留下的 19 世纪进口的整装匣烟。

中国人开始接触鼻烟最早在明代。清代书画家、篆刻家赵之谦在《勇庐闲诘》一书中记载：“鼻烟来自大西洋意大里亚国，明万历九年，利玛窦泛海入广东，旋至京师献方物，始通中国。”明末利玛窦将鼻烟带入中国，作为贡品进献给万历皇帝。由于当时鼻烟价格非常昂贵，进口甚少，仅广东一地有极少人吸闻。

清康熙年间开放海禁，西方传教士由于传教需要，效仿利玛窦携带各种礼品及鼻烟和鼻烟盒作为见面礼进献给皇帝。由于鼻烟的提神功能显著，令每天公务繁忙、伏案批阅大量奏章的康熙皇帝颇为痴迷，由此鼻烟在清宫内廷“落户”。

当时的鼻烟被盛放在瓶状玻璃容器中，无论瓶身大小，其上都描着金色的花卉，故而被称为“大金花”“小金花”。鼻烟作为舶来品，一开始自然没有中国名字，起初按其外语发音直接音译，译名颇多，张义澍《士那补释》中就有“英吉利语曰士那，曰士那富，又曰士那乎，壶巴突儿，盒曰士那乎薄克司”的记载。这几种发音中，“士那乎”（snuff）比较简洁一点，所以皇家便称它为“士那乎”。之后雍正觉得“士那乎”这个外国名颇为拗口，便根据其用鼻子来吸闻的特点，将“士那乎”更名为“鼻烟”。从此，鼻烟才有了正式的中国名字。

随着西方鼻烟的传入，盛放鼻烟的器具也传入我国，欧洲盛鼻烟的器具是以各色小盒为主，故名鼻烟盒。由于鼻烟盒制作精美，非常适合作为皇室礼物，所以常常出现在国王的“礼品清单”中，用于赏赐或赠送功臣以及外国来使等。

欧洲鼻烟盒进入中国后，广州当地的工匠即开始仿制，但是鼻烟盒在使用当中，受其本身功能所限，一直未能在宫廷和士庶间推广开来。鼻烟的保存需要一定的湿度，现在的雪茄也是同样，否则把干粉吸到鼻腔里不但容易呛到，味道也大大减损。而西方生产的鼻烟盒口大，容易“走气”，不利于保存，且容易泼洒，不方便随身携带，这对嗜烟者来说，是不能忍受的致命缺陷。

正是由于这两个缺点，鼻烟盒未能在宫廷内外普及开来。也正是这两个原因推动了皇室内廷对鼻烟盒的改造和创新。根据生活方式、传统习俗和实际需求创造了鼻烟壶，从而取代了来自欧洲的鼻烟盒。

皇帝对鼻烟的爱好与痴迷，加速了宫廷鼻烟壶的研发制造，他们不断对鼻烟壶的形制进行修改与完善，如壶的形体如何便于携带、壶口的大小更适合存放，在壶盖处制作连体的挖勺，便于取用等。材质遍及金、银、铜、铁、竹、木、牙、角、珊瑚、玛瑙、琥珀、玉石、水晶、陶瓷、料器、大漆、葫芦、果核等等。制作工艺也是蔚为大观，汇集书法、绘画、雕刻、镶嵌、铸造、掐丝、烧造、套料、贴黄、剔、镂、碾、鎏金等各种工艺。

材质以及工艺的多样性是中国鼻烟壶的一个重要标志！

鼻烟壶是地道的中国发明，中国素有“烟壶之乡”的称誉。中国人对材质的把握可谓举世无双，珠宝玉石玩了几千年，材料都是现成的，鼻烟壶之于其他艺术品的区别，仅仅在于工艺造型。欧洲人用于盛放鼻烟的器具主要是铜盒和玻璃瓶，虽然华美但没有太多变化。中国鼻烟壶却是用料极广，可谓品类繁多，应有尽有，而且工艺也是无所不用其极。尽管它是一种微型工艺，但可以毫不夸张地说，有什么样的工艺美术材料，就有什么材料制成的鼻烟壶，可称为是中国传统工艺的缩影。

宫廷鼻烟壶体现了古代帝王的一种生活态度，无所不用其极，只为制造出最称心如意的那一件。其蕴藏着主人对于生活境界的追求，哪怕身处闹市，也让马不停蹄的灵魂得到短暂栖息，闻一闻清风朗月的味道，仿佛给了生命一个舒展的瞬间。

本书中有几件作品，就是其中的代表。让人感受到的，是鼻烟壶身上任何一点细枝末节，都可以让人们以最接地气的方式去解读历史。

清代自康熙朝开始，鼻烟壶即作为国礼馈赠。雍正、乾隆两位皇帝也常常以鼻烟壶赏赐有功劳的臣属。据史料记载，康熙时期大臣高士奇告老还乡，康熙皇帝给他送行，因知此别就是永诀，所以君臣两人依依不舍，康熙皇帝一激动，连连赏赐高士奇三只自用的鼻烟壶，因为当时鼻烟与鼻烟壶数量稀少，极其珍贵。

以勤奋著称的雍正皇帝每天要批阅无数奏折，更是离不开鼻烟。在造办处“活计档”中，随处可见雍正皇帝日理万机之余对海望呈上的鼻烟壶进行的御批和指导，其中对鼻烟壶的制作数量、材料、是否先打样、给谁做、款用什么人写的、用何种字体等等，都有明确批示。由此可知雍正皇帝也是宫廷鼻烟壶的总设计师之一，对鼻烟壶的制作与发展起到了推波助澜的作用。比如：

（雍正八年）三月初六日，据圆明园来帖内称，郎中海望持进画飞鸣宿食雁珐琅鼻烟壶一对呈进。奉旨：此鼻烟壶画得甚好，烧造得小甚好。画此珐琅是何人？烧造是何人？钦此。海望随奏：此鼻烟壶系谭荣画的，炼珐琅料是邓八格，还有太监几名、匠役几名帮助办理烧造等。奏闻，奉旨：赏给邓八格银二十两，谭荣二十两，其余匠役人等，尔酌量每人赏给银十两，钦此。

又如：

（雍正九年）十一月二十四日：内务府总管海望持出黑地珐琅一树梅鼻烟壶一件。

奉旨：着照样烧造，钦此。

二十四日：内务府总管海望持出蓝地珐琅画芍药花卉鼻烟壶一件。

奉旨：周围花卉甚好，山子不好，照样烧造，钦此。

丘比特纹鼻烟盒
英国维多利亚与艾尔伯特博物馆藏

三代皇帝无不喜欢鼻烟壶。精通文艺雅玩的乾隆皇帝，对鼻烟壶这一饱含中西方文化的精巧之物，喜爱程度更是较其父辈有过之而无不及。

据不完全统计，乾隆年间每年要制作成百甚至上千个各种材质的鼻烟壶。每遇重大节庆或太后寿辰等，乾隆皇帝都会令景德镇御窑厂和宫廷御作坊成批制作各种鼻烟壶，以作赏赐之用。乾隆时期是鼻烟壶制作的鼎盛时期，数量最大，品种最多，用料最讲究，工艺最精湛，达到了鼻烟壶艺术的最高境界。而且官造民制并存，鼻烟壶制作手工业异常繁荣，可以说空前绝后，各类精品也是层出不穷，现在我们所能见到的绝世好壶，绝大部分是乾隆时期所制。

由于受到三代皇帝的追捧与热爱，清三代的宫廷御作坊诞生了许多精妙绝伦的鼻烟壶，它不仅是实用器物，更是时尚高雅的艺术品。达官贵族与士大夫用精美华贵、工艺复杂的鼻烟壶来相互攀比、斗富，鼻烟壶成为当时的一种社交载体，并开辟了一项工艺美术的新门类。从这时候起，鼻烟壶已经不再局限于实用性本身，更多的是被人们当作财富、权力、地位以及艺术品位的象征。

鼻烟壶作为一种传统的工艺品，相对其他工艺品来说，历史不算久远。鼻烟始于明朝，盛于清代。由于早期鼻烟是从国外传入，数量极其稀少，仅供皇室，所以在乾隆以前鼻烟壶也是数量稀少，一件难求，几乎都是宫廷制作。一直到清中晚期，中国人掌握了生产制造鼻烟的技术，鼻烟与鼻烟壶才被普及，从此鼻烟壶数量激增，人手一握，成为大众玩物，走入寻常百姓家。

鼻烟壶是中外文化艺术融合的代表。假如说中国传统艺术的全部技艺能在哪一项器物上得到集中体现，那一定非鼻烟壶莫属。

也正因为鼻烟壶材料的多样性和工艺的复杂性，如今收藏和鉴别鼻烟壶成了一件难事。鼻烟壶的收藏是一种入门容易精通难的门类，鉴藏者需要具备广博的知识面与深厚的功力。也由于鼻烟壶深得清代鼎盛时期三位皇帝的追捧，其艺术土壤之深厚使我们到今天都难窥全貌，冷不丁就会碰到超出我们辨识的器物。一个小小的鼻烟壶，反映出中国工匠艺人的聪明才智和东方文化底蕴的深厚。

道光帝行乐图

极具中国宫廷特色的清代鼻烟壶以其精巧卓绝的制作技术，融入东西方艺术风格，汲取多种工艺之优点，在海内外享有极高盛誉，被称为“集多种工艺之大成于一身的袖珍艺术品”，在清代美学工艺史上大放异彩。

18 世纪初中国制作的鼻烟壶，已经成为一种在世界各国掀起热潮的手工艺品。当年罗马教皇的使节、俄国沙皇钦差大臣到中国朝拜康熙皇帝，献上教皇和彼得大帝送来的一大批珍贵礼物，而康熙皇帝回赠的礼品就是由皇室工厂制作的鼻烟壶。

鼻烟壶很小，仅在方寸之间，其制作工艺却不简单。一件鼻烟壶，往往要将诗词、书法、绘画、雕刻、烧造、镶嵌等要素进行汇聚并完美融合，才能呈现给使用者和鉴赏者一种美的感受。同时，这样高超的技术和艺术，也要求人们能够懂得鉴赏，这就无形当中推动了人们对审美的多方追求，丰富了整个社会的美学内涵，更有意义的是其对中华传统文化的弘扬和对相关文化艺术的发展与创新起到了一定的促进作用。

物质的丰富带动了文化的繁荣。纵观历史上鼻烟壶的发展，其制作风格不断趋于追求完美，包括材质的贵重化、图案装饰的精美化和工艺的创新化，都推动了当时生活美学的创新与发展。一直到现在，中国的鼻烟壶还受到全世界收藏爱好者的追捧。世界鼻烟壶协会还是唯一一个被全世界公认的艺术门类的收藏组织。

嘉庆至宣统，由于综合国力的衰退，加上后期内忧外患，百余年间，鼻烟壶在材料、品种、工艺水平、数量、造型等方面，始终难望前朝项背。珍贵材料制作的鼻烟壶显著减少，尤其是宫廷画珐琅等珍稀品种好像一瞬间便销声匿迹了。为节省经费开支，应对时局，整个宫廷造办处各匠师匠工总计锐减了数千人，仅保留了少数匠作维护宫廷的基本需求。但是民间生产因为宫廷匠师的回归和工艺技术的加持，反而日益繁荣，产品大量涌现，虽然比不上宫廷造办处的奢华精致，但也精品迭出。北京城内玻璃鼻烟壶制作的名气也越来越响亮，其中佼佼者便是辛家坯、勒家坯和袁家坯。

清末传统鼻烟壶走向衰落，奢华的工艺、珍贵的材质、高难度的技术虽不适合老百姓消费，但却无法阻挡人们对美的追求，一个新的艺术门类应运而生，那就是内画鼻烟壶。

内画鼻烟壶是中国特有的一种工艺艺术，它运用中国画的构图、笔墨、设色技巧，在透明玻璃瓶或水晶瓶内壁反手作画，形成独特的艺术奇观。它具有构思新奇、意境高雅、设色古香、勾勒清晰、气韵生动的艺术特色，并以其小巧玲珑的造型、精美绝伦的工艺和匠心独运的气质赢得人们的喜爱。有人曾以“袖里乾坤真正大，壶中日月尽包罗”的诗句来赞誉。

民国初期，鼻烟壶和鼻烟的社交属性逐渐式微。此后旱烟、水烟和纸烟出现，逐渐取代了鼻烟。至此鼻烟完全走向没落，退出中国历史舞台，结束了将近三百年的历史。

吸闻鼻烟虽然退出了历史，但是作为一项艺术收藏门类，鼻烟壶才刚刚拉开序幕。西方国家的收藏爱好者从 18 世纪就开始大规模收藏鼻烟壶。20 世纪 60 年代，美国著名的中国鼻烟壶鉴赏家奥德尔（Edward Choate O’Dell）创建了国际中国鼻烟壶协会。这个协会每年定期在各国举办年会及展览会，全世界都有很多活跃的会员。每到聚会时，各位会员都会携带自己最得意的鼻烟壶，展示交流。

在过去的几十年里，中国鼻烟壶的主要收藏者为西方人或华侨。20 世纪八九十年代，台湾收藏家开始购藏玉石和珐琅材质的鼻烟壶，由于种种原因，大陆收藏艺术品的人屈指可数，鼻烟壶被视为封建糟粕而大量低价出口。直到 21 世纪以后，鼻烟壶收藏队伍才开始壮大。

清代鼻烟壶不仅仅是盛装鼻烟的精巧容器，更多的是供人们玩赏和显示身份地位的奢侈品。鼻烟壶以其小巧玲珑的独特造型、种类繁多的材质用料、华美精致的制作工艺而受到上自皇亲国戚，下至平民百姓的钟爱，并精巧地记录了清代宫廷和民间的艺术匠师们的灵心慧气，使其成为集书法、绘画、雕刻和镶嵌诸多艺术之大成的妙极人巧的艺术品。

鉴于鼻烟壶工艺博杂，器型繁多，图案丰富，用料广泛，对其类别作出严格的界定并不是简单的事。但最常见最主要的还是这几大类：瓷胎类，玉石宝石类，玻璃料器类，金属胎类，竹木牙角类。

瓷胎类

鼻烟壶以瓷质起源最早，数量最多，从清代康熙朝起，直至清代末期，各代帝王无不烧造瓷器鼻烟壶，不过仍以康熙、雍正、乾隆三朝所制最佳。清宫所需瓷质鼻烟壶是由江西景德镇官窑烧造的。清代的景德镇是中国瓷业的中心，产量大，品种多，艺术水平首屈一指，因此瓷质鼻烟壶的种类也很齐全，青花、斗彩、粉彩、釉里红、祭红、珊瑚釉、茶叶末釉、墨彩、珐琅彩、雕瓷、刻瓷等无所不有。

康熙时期，青花和青花釉里红是早期的重要品种，其造型多为柱状直筒式，胎质坚细，釉面晶莹亮丽，或略泛青；装饰图案以山水人物、孤舟独钓、缠枝莲纹为主，青花晕染，多带写意韵味，色泽明快，层次分明。特别是底款，很少见有年款。极少青花瓷烟壶有署“明嘉靖年制”“成化年制”等，其字体松散不规范，为康熙时伪托前朝款的特殊形式。考虑到当时瓷质鼻烟壶的实用功能远远大于审美功能，直筒的造型既便于盈握又便于携带，所以在康熙时期大量生产也就顺理成章了。

雍正年间所制的瓷质鼻烟壶，除延续康熙时期的浆胎青花、釉里红等，还开创了粉彩、珐琅彩等新品种。粉彩亦是彩瓷中重要的品种，是这一时期除珐琅彩之外陶瓷制作最突出的艺术成就之一。雍正粉彩瓷无论造型、胎釉或是装饰图案都达到了前所未有的地步，其质量之高、工艺水平之精湛，令历朝都望尘莫及。可惜如今雍正粉彩鼻烟壶难得一见，目前所见最多最精的粉彩鼻烟壶是乾隆一朝的器物。

珐琅彩是清代最著名的彩瓷，属于专供皇室御用的艺术珍品，由康熙创烧，乾隆以后基本绝迹。珐琅彩瓷器的制作工艺非常考究，成本高、产量低，所用白瓷胎由景德镇御窑厂提供，彩绘和烧成则由宫廷画师同专门的技术人员在清宫造办处或圆明园造办处内完成，几乎都是适合把玩的小件器物，不见大器。珐琅彩瓷器的烧造受到宫廷的严格控制，因而珐琅彩瓷器是清代瓷器中最为名贵的品种，珐琅彩瓷鼻烟壶更是一件难寻。

玉石宝石类

玉器制作在清代发展到顶峰，玉质鼻烟壶的制作当然也极尽精妙。乾隆时期，和田美玉源源不断进入皇宫，翡翠也被大量使用，为玉鼻烟壶的制作提供了极优秀的材料，特别是一些小而圆润的籽玉，温润细腻，洁白无瑕，材质上佳。工匠们对材料巧加利用，琢成天然随形之物，或巧运匠心，将其雕琢成各类仿生瓜果鱼兽，极其生动可爱。从清宫档案文献上看，宫中玉石类鼻烟壶绝大部分是宫廷玉作及苏州、扬州这三处制造的。玉石类鼻烟壶的形象多姿多彩，装饰内容丰富，做工精细入微，集雕刻工艺之大成，有些杰作堪称稀世珍品，具有无与伦比的艺术魅力。其他各种贵重宝石鼻烟壶和玉石鼻烟壶一样，均是雕琢而成，有其相同的艺术特征，故而归为一类。清代御用鼻烟壶制作的物质基础异常雄厚，任何珍贵之材皆可利用。因此宝石类材质如红蓝宝石、珊瑚、玛瑙、琥珀、水晶、碧玺、青金石、珍珠等奇珍异宝，都成了鼻烟壶的原材料，再由技艺超群的匠师们奇特构思，精心雕琢，真可谓巧夺天工、价值连城。

玻璃料器类

玻璃鼻烟壶和瓷器鼻烟壶是清代鼻烟壶的主流，延续时间最长、工艺品种最丰富、数量最多，从康熙到宣统一直未曾间断。故宫博物院所藏的鼻烟壶近半都是玻璃质地。玻璃鼻烟壶的品种可分单色玻璃、套色玻璃、玻璃画珐琅、金星玻璃、搅玻璃等。玻璃鼻烟壶是在康熙三十五年（1696）设玻璃厂后烧造的，由于受到西方玻璃制造的影响，其配方和工艺风格完全独立于原有的中外玻璃制品，属于清宫独创，又是宫廷造办处出品，所以一经问世就受到追捧，是康、雍、乾三代帝王以及王公贵族最喜爱的鼻烟壶品种。套色玻璃和珐琅彩玻璃都是康熙朝首创，金星玻璃则是乾隆朝独有。料器鼻烟壶虽为玻璃，却能模仿各种珍贵材质，比如仿玉石料、仿雄黄料及仿各种宝石料等，甚至比真宝石还略胜一筹。

雍正时期玻璃鼻烟壶传世很少，但据记载，此时已出现套色玻璃鼻烟壶，可惜不见实物传世。单色玻璃深得雍正皇帝的喜爱，清档中有关雍正玻璃胎画珐琅烟壶的记录不少，但院藏仅见台北“故宫博物院”一件竹节式鼻烟壶，其造型新颖，且具有年款。目前我们所能见到的玻璃胎画珐琅几乎都是乾隆时期产物。玻璃胎画珐琅跟瓷胎画珐琅一样，都是仅供皇帝使用，是“庶民弗得一窥”的御用珍品。

金属胎类

金属胎类鼻烟壶是以金银铜铁等各类金属为原料制作而成的鼻烟壶，其中以金胎、铜胎画珐琅最受瞩目。康熙皇帝非常喜爱法国的珐琅器皿，曾通过法国传教士邀请法国珐琅匠师来清宫造办处传艺，生产画珐琅鼻烟壶。由于康熙时期宫廷匠师们令人惊异的模仿力和创新精神，在以后的年代中，画珐琅技艺日趋精湛，在鼻烟壶的制作上大放异彩，制造了许多的铜胎画珐琅鼻烟壶的精品。

铜胎画珐琅为此时主要制品，均由造办处制作。造型多为扁壶形，即成定式，配以铜胎镀金錾花盖。装饰图案多利用圆形或卷枝花形开光，绘有梅花、富贵牡丹、月季等花卉题材。珐琅彩料色泽艳丽，画面淡雅清逸，康、雍、乾三朝的铜胎画珐琅成为今天收藏者梦寐以求的品种。

青花缠枝花卉鼻烟壶

竹木牙角类

竹雕、木雕、象牙雕刻以及犀角雕刻均是我国古代工艺美术领域的不同门类，但往往被合称为“竹木牙角雕”，有时甚至将果核雕、匏器（葫芦）工艺等也囊括在内，成为青铜、陶瓷、玉器、金银器等传统工艺门类之外的各种工艺杂项的代名词。总体而言，这几种工艺的确有共性。首先，它们的历史都极为悠久，由于竹、木、匏、角等天然材质在自然环境中能轻易获取，所以人们对这些材质的广泛利用也比较早，它们被制作成与人们生活息息相关的日用品、工具。明代中期以后，犀角、竹、木、雕刻工艺颇受文人的喜爱，因而在江南各地兴盛起来，至清代发展壮大。竹木牙角雕刻的鼻烟壶数量不多，在鼻烟壶大类里是小众，但许多鬼斧神工的雕刻艺术均出自此类。

内画鼻烟壶

内画鼻烟壶是区别于前面几大类的一门艺术，内画发展得比较晚，是在鼻烟壶制作工艺基本成熟之后、差不多在鼻烟传入两百年之后才流行开来的。顾名思义，内画鼻烟壶是用微小勾线笔在透明或者半透明的壶坯之内作画，是我国反画艺术和微画艺术的集中呈现。

最初的内画鼻烟壶的内壁是光滑的透明玻璃，不易附着墨和颜色，只能画一些简单的画面和图案，如龙凤、蝈蝈、白菜和简笔的山水、人物等。后来，手艺人用铁砂和金刚砂加水在鼻烟壶中来回摇磨，使其内壁呈乳白色磨砂玻璃状，细腻而不光滑，容易附着墨色，作画时如同在宣纸上一般。

内画鼻烟壶后来出现了一些比较精细的作品，逐渐发展为集诗、书、画为一体的艺术精品，其笔触精妙、格调典雅，为世人所称道，有“袖里乾坤真正大，壶中日月尽包罗”的赞誉。当时内画大师以马少宣、丁二仲、周乐元、叶仲三最为著名，有内画“四大家”之称。

玻璃胎内画叶仲山绘葛巾鼻烟壶

鼻烟壶壶型之繁多，寓意之广泛，令人眼花缭乱。鼻烟壶体积虽小，但造型多种多样，除了常见的圆形、四方形、多棱形壶，还有吉祥寓意的葫芦、灯笼、南瓜、玉兰花、蝉、象、龟、狮、鱼、鸡、灵芝、茄子、钟、蜡烛、荷花、人物等形状。

鼻烟壶的造型从总体上可划分为瓶式壶、肖形壶、随形壶和联体壶四大类。瓶式壶造型是模仿瓷器、瓷壶、瓷罐而来，类似微缩的瓷器，这与清代瓷器的繁荣密切相关。肖形壶是模仿自然界中动植物、饰物器皿等造型而成，如天上飞的鸟、地上跑的兽、水中游的鱼、地里长的瓜果蔬菜、人们日用的荷包、器物等，均可模仿制造成鼻烟壶。随形壶多用玛瑙玉石一类的材料，外形不过多地加工，随形而就。联体壶有双联壶、三联壶甚至四联壶等，可以盛装不同味道的鼻烟，方便嗅服。

鼻烟壶的造型在不同时期呈现出不同的变化。比如，康熙时期，在为数不多的鼻烟壶造型中，有一种小口细颈、直筒腹壁、平底有旋的爆竹筒式造型比较常见。雍正朝鼻烟壶烧造在康熙朝基础上不断地完善发展和提高，制作技术水平日趋成熟，虽然传世品不是很多，但有其自身特点：除个别沿袭康熙式样对局部加以变化，还出现了一些新式样，如罐形、四方形和多棱壶式、葫芦式、荷包式、鱼篓式、竹节式等等。

乾隆时期的鼻烟壶更加新颖丰富：传统的仿瓷器鼻烟壶发展出圆、扁、单一与双联数种新颖款式，料器仿西洋宝石切割的几何磨棱；还出现了瓜果蔬菜、花鸟鱼虫等各种样式，甚至人物造型的鼻烟壶也开始盛行起来，清装官员、贵妇造型的鼻烟壶十分生动，仿佛当时的情景再现。

古人还十分在意鼻烟壶的纹饰之美，几乎每一件鼻烟壶纹饰都具有美好的吉祥寓意。传统瓷鼻烟壶常见的纹饰有云龙纹、螭龙纹、江崖海水、缠枝花卉、岁寒三友、寒江独钓、喜鹊报春、三阳开泰、携琴访友、松鹤延年、马上封侯、安居乐业、瓜瓞绵绵、婴戏百子、花鸟鱼虫、琼楼玉宇等等。古人甚至不满足于纹饰对吉祥的寄予，还直接在壶面写上“福、禄、寿、喜、如意”等吉语文字，赋予了鼻烟壶独特的艺术价值。

鼻烟壶是一门小中见大的艺术，方寸之间见乾坤之阔。各种材质、工艺、技法，都能在鼻烟壶制作中找到它的身影。赏玩鼻烟壶，犹如浏览中国各种工艺门类，这是鼻烟壶最大的艺术魅力。纵观鼻烟壶在我国发展的近三百年历史，方寸掌握之地中展现的中华民族深厚文化艺术内涵以及匠人的智慧与非凡创造力，使它成为清代艺术的重要标志之一。

壺天馨境

玉壶
冰心

狗宝鼻烟壶

Snuff bottle in the shape of dog's bezoar

年代：清中期
规格：高 9.0cm

鼻烟壶以椭圆形“狗宝”作为壶身，红珊瑚作钮盖，壶身青黄色，表面呈层叠状，似一朵朵云彩。原配宫廷紫檀嵌银丝底座。狗宝为犬科动物狗的胃结石，是生长在狗胃里一种石头样的东西，自古与牛黄、马宝并誉为“三宝”，是我国传统名贵中药材。清宫御药房就有“狗宝”入药的记载，但体形都较小，能作鼻烟壶者极其罕见，而此狗宝鼻烟壶巨如鹅卵石，并且质地细腻坚硬，光洁润泽，表面层层叠叠凸起，初看杂乱斑驳，毫无规律，细看却形成各种鬼斧神工的天然图画，似乱云堆砌，似曲水流觞，似山峦层叠，似丘壑纵横，具有一种摄人心魄的天然艺术魅力，属于罕见的异宝奇珍。

著名鉴赏家史树青老人专门为这只壶写了一篇《狗宝鼻烟壶之赏鉴》：“椭圆形狗宝作壶身，珊瑚纽盖，颜色青黄，光润细腻，表面附着层叠状物，似朵朵彩云点缀其间，衬托着壶身，象征云中藏宝。”史树青认为，这只鼻烟壶“堪称世界之最”，具有重要价值。

狗宝鼻烟壶之赏鉴

椭圆形狗宝作壶身，珊瑚钮盖，颜色青黄，光润细腻，表面附着层叠状物，似朵朵彩云点缀其间，衬托着壶身，象征云中藏宝。

从医学方面看，狗宝为狗之肾、胆结石，清宫御药房所藏狗宝，形体较小，可以入药。如此大形狗宝，极为难得，以此作鼻烟壶，更为少见，堪称世界之最，

此宝殊足珍贵，具有重要历代稀有的重要价值。

鉴定人 史树青

2005.3.10.

青花釉里红苍龙教子鼻烟壶

Underglaze blue and red porcelain snuff bottle with the pattern of a dragon teaching its child

年代：清康熙
款识：成化年制
规格：高 6.0cm

灯笼瓶形，唇口溜肩，圆形圈足。通体青花釉里红绘苍龙教子纹饰。底部青花“成化年制”款，是康熙时期的寄托款。在其他瓷器上也同样可见。

此壶青花发色深沉，釉里红明艳亮丽，龙纹威武霸气，张牙舞爪，有翻江倒海之势。

青花釉里红双龙戏珠鼻烟壶

Underglaze blue and red porcelain snuff bottle with the pattern of double dragons playing a pearl

年代：清雍正
款识：大清雍正年制
规格：高 7.1cm

青花釉里红绘游龙戏珠图案，底部青花“大清雍正年制”款。

此壶釉里红发色艳丽沉稳，釉面光润，玉质感极强，小口广腹，典型清早期特征。

青花釉里红云龙九现鼻烟壶

Underglaze blue and red porcelain snuff bottle with the pattern of a dragon partly hidden in clouds

年代：清早期
规格：高 7.5cm

筒瓶形，唇口折肩，圆形圈足，通体以青花釉里红绘云龙九现图，一条龙在云中若隐若现，神龙见首不见尾，将飞龙在天的灵动体现得淋漓尽致，极富艺术表现力。

青花釉里红苍龙教子纹鼻烟壶

Underglaze blue and red porcelain snuff bottle with the pattern of a dragon teaching its child

年代：清早期
规格：高 8.2cm

筒瓶形，唇口折肩，圆形圈足，通体釉里红绘苍龙教子图。画面中海水汹涌，一条锥拱苍龙，硕首虬身，回首顾盼身下小龙，气势极为凌人，小龙跃出水面与苍龙相顾盼。

此壶釉里红发色艳丽，青花画龙点睛之笔令人叫绝。

青花釉里红福山寿海鼻烟壶

Underglaze blue and red porcelain snuff bottle with the pattern of mountain and ocean which symbolizes fortune and longevity

年代：清中期
规格：高 7.0cm

筒瓶形，直口折肩，圆形圈足，壶身青花釉里红绘江崖海水、云蝠龙纹，底部绘蝙蝠纹，是一种花押款式。

青花釉里红云龙纹鼻烟壶

Underglaze blue and red porcelain snuff bottle with the pattern of a dragon flying between clouds and sea

年代：清早期
规格：高 7.1cm

筒瓶形，直口折肩，圆形圈足，壶口一圈青花绘瓔珞纹，壶身一条独龙于云海之间，张牙舞爪，苍劲有力，底部一圈青花海水纹，具有康熙时期的典型风格。

青花釉里红缠枝花卉鼻烟壶

Underglaze blue and red porcelain snuff bottle with the pattern of flowers and entangled branches

年代：清康熙
款识：成化年制
规格：高 7.1cm

筒瓶形，唇口溜肩，圆形圈足，壶身以釉里红绘连续缠枝花卉纹，底部青花“成化年制”款。
此壶造型小巧玲珑，纹饰优美，是康熙朝鼻烟壶的标准式样。

青花釉里红太白观月鼻烟壶

Underglaze blue and red porcelain snuff bottle with the pattern of poet Li Bai watching the moon

年代：清康熙
款识：成化年制
规格：高 7.7cm

筒瓶形，唇口折肩，圆形圈足，通体以青花釉里红绘一老者在山中观月图。此壶作通景绘画，画面清新淡雅，具有很强的艺术效果。底部青花“成化年制”款。
此壶胎薄釉厚，器型端庄，符合清早期瓷器的特征。

青花釉里红八骏图鼻烟壶

Underglaze blue and red snuff bottle with the pattern of eight fine horses

年代：清早期
规格：高 7.5cm

筒瓶形，唇口溜肩，旋纹底。壶身青花釉里红绘八骏图，八骏或站或卧，神态各异，极为可爱，釉里红呈色鲜艳，青花颜色青翠，具有典型康熙时期的风格。

青花釉里红状元及第鼻烟壶

Underglaze blue and red porcelain snuff bottle with the pattern of a top scholar in imperial examination

年代：清中期
规格：高 4.7cm

灯笼瓶形，唇口折肩，圆形圈足，壶身青花釉里红通景绘一少年郎策马急奔。另外配有诗句“一色杏花红十里，状元归去马蹄飞”，底部绘青花双鱼，寓意状元及第，步步高升。

青花釉里红山水人物鼻烟壶

Underglaze blue and red porcelain snuff bottle with the pattern of landscape and a figure

年代：清雍正
款识：雍正年制
规格：高 5.1cm

瓶形，唇口折肩，圆形圈足，通景绘山水之间，一人牵驴行走，底部青花“雍正年制”款。

此壶器形端庄别致，釉里红发色纯正艳丽，甚是可爱。这种形状虽在瓷瓶中常见，但在鼻烟壶中极为罕见。

青花釉里红皮球花鼻烟壶

Underglaze blue and red porcelain snuff bottle with the pattern of round-shaped flowers

年代：清中晚期
款识：成化年制
规格：高 5.1cm

灯笼瓶形，唇口溜肩，圆形圈足，通体以青花釉里红绘团花纹。底部青花“成化年制”款。

皮球花纹式兴起于雍正，乾隆之后开始大量使用，根据此壶皮球花的风格，应属于清中晚期的作品。

青花釉里红缠枝花卉鼻烟壶

Underglaze blue and red porcelain snuff bottle with the pattern of flowers and entangled branches

年代：清雍正
款识：雍正年制
规格：高 6.0cm

灯笼瓶形，唇口溜肩，圆形圈足，通体以釉里红绘缠枝花卉纹。上下有三道青花旋纹，底部青花“雍正年制”款。

此壶釉里红发色艳丽，胎体丝腻，釉面泛青，符合清早期的时代特征。

青花釉里红云龙纹葫芦形鼻烟壶

Gourd-shaped underglaze blue and red porcelain snuff bottle with the pattern of a dragon in clouds

年代：清中期
规格：高 6.8cm

葫芦形，撇口溜肩，颈部青花绘一圈璎珞纹，壶身青花釉里红绘云龙纹，两条龙张牙舞爪，威武凶猛，在云端追逐嬉戏。
葫芦形鼻烟壶画龙纹的颇为少见。

青花釉里红春风得意梅瓶形鼻烟壶

Plum-vase-shaped underglaze blue and red porcelain snuff bottle with the pattern of "riding on the crest of success"

年代：清中期
规格：高 7.7cm

梅瓶形，唇口溜肩，圆形圈足。壶身用青花勾画出山野，一牧童骑牛背上放风筝，再用深浅不同的红色晕染山峦，画面虚实结合，更妙趣横生。
此壶釉面莹润，画工精巧，寓意春风得意，步步高升。

樊红云龙纹
鼻烟壶

Alum-red-glazed porcelain
snuff bottle with the pattern of a dragon in clouds

年代：清晚期
款识：康熙年制
规格：高 7.7cm

圆筒形，直口平肩，圆形圈足。壶身樊红绘云龙纹，底部“康熙年制”款。

此壶胎质酥松，画工欠佳，具有明显的清晚期特征。

青花釉下三彩人物故事
鼻烟壶

Blue and white porcelain snuff bottle with the underglaze tricolor pattern of figures and narrative scene

年代：清中期
规格：高 8.3cm

筒瓶形，唇口溜肩，圆形圈足，此壶颈部一圈璎珞纹，壶身通景绘古代人物故事，一群将士神态各异。此壶画面由青花釉下三彩组成，颜色艳丽，这种釉彩搭配的鼻烟壶颇为少见。

青花龙纹梅瓶
鼻烟壶

Plum-vase-shaped blue and white porcelain snuff bottle with the pattern of a dragon

年代：清雍正
款识：雍正年制
规格：高 7.0cm

梅瓶形，唇口溜肩，器身绘一条青花独龙，底部青花“雍正年制”楷书款。

此壶纹饰层次清晰，器身通景绘青花行龙，龙身矫健威猛，须发飘扬，霸悍凌厉，五爪龙是帝王至高无上的权力象征，充满皇家威仪。雍正时期的龙纹梅瓶量少质精，如此精巧的青花龙纹梅瓶鼻烟壶更是难得一见。

青花云龙纹
鼻烟壶

Blue and white porcelain snuff bottle with the pattern of a dragon in clouds and sea

年代：清雍正
款识：大清雍正年制
规格：高 6.6cm

瓶形，撇口溜肩，圆形圈足。壶身青花绘海水云龙纹，两条龙张牙舞爪，在海面上嬉戏。胎上布满开片，底部青花“大清雍正年制”楷书款。

青花团龙纹
鼻烟壶

Blue and white porcelain snuff bottle with the pattern of round-shaped dragons

年代：清雍正
款识：雍正年制
规格：高 7.3cm

筒瓶形，撇口溜肩，圆形圈足。壶身口沿一圈如意纹，中间绘团龙纹，底部青花“雍正年制”楷书款。

青花龙纹
鼻烟壶

Blue and white porcelain snuff bottle with the pattern of a dragon flying above the sea

年代：清中期
规格：高 7.5cm

筒瓶形，直口溜肩，圆形圈足。肩部绘如意云纹，中间一条独龙，张牙舞爪，底部绘一圈海水纹。

青花龙穿牡丹
鼻烟壶

Blue and white porcelain snuff bottle with the pattern of a dragon flying through peonies

年代：清雍正
款识：大清雍正年制
规格：高 6.3cm

筒瓶形，撇口溜肩，圆形圈足。口沿绘一圈如意纹，腹部满绘缠枝牡丹花纹，一条行龙游走在花间，下面一圈海水纹。底部“大清雍正年制”楷书款。

此壶青花发色浓艳，画风独特。

青花白釉暗刻龙纹鼻烟壶

Blue and white porcelain snuff bottle with the obscure carved pattern of a dragon

年代：清中期
规格：高 6.7cm

圆瓶形，瓶身上宽下窄，直口折肩，圆形圈足。此壶纹饰分成几段，颈部用青花绘一圈璎珞纹，肩部是五蝠云纹。中间白瓷暗刻龙纹。壶身下部绘一圈青花海水纹。

此壶造型别致，画面青白相间，威猛霸气的龙纹若隐若现，藏巧于拙，是瓷壶中的精彩作品。

青花五瑞图
鼻烟壶

Blue and white porcelain snuff bottle with the pattern of five auspicious animals

年代：清康熙
款识：成化年制
规格：高 7.0cm

筒瓶形，唇口折肩，圆形圈足。壶身通体青花绘狮子、老虎、麒麟等瑞兽图案。底部青花“成化年制”寄托款。

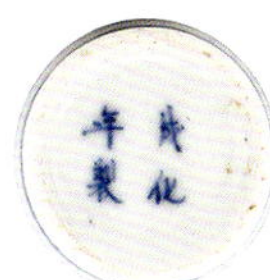

青花海八怪
鼻烟壶

Blue and white porcelain snuff bottle with the pattern of eight sea monsters

年代：清雍正
款识：雍正年制
规格：高 6.9cm

锥瓶形，直口折肩，圆形圈足。壶身通体青花绘海水八怪图案。底部青花“雍正年制”楷书款。
此壶造型、发色符合清早期特征。

青花缠枝花卉鼻烟壶

Blue and white porcelain snuff bottle with the pattern of flowers and entangled branches

年代：清中期
规格：高 6.0cm

筒瓶形，直口折肩，圆形圈足。壶口绘璎珞纹，肩部一圈如意纹，壶身中间绘缠枝花卉，底部绘仰莲纹。此壶所绘虽是缠枝花卉，但风格新颖独特。

青花缠枝花卉鼻烟壶

Blue and white porcelain snuff bottle with the pattern of flowers and entangled branches

年代：清雍正
款识：大清雍正年制
规格：高 6.5cm

灯笼瓶形，直口溜肩，圆形圈足。壶身满绘变形缠枝花卉。底部“大清雍正年制”楷书款。

此壶胎质洁白细腻，布局繁密，繁而不乱，青花发色清新淡雅，是典型的雍正风格。

青花缠枝莲 鼻烟壶

Blue and white porcelain snuff bottle with the pattern of lotus and entangled branches

年代：清早期
规格：高 5.3cm

灯笼瓶形，撇口折肩，圆形圈足。壶身满绘缠枝花卉。

此壶包浆浑厚，色泽幽蓝。缠枝莲纹是中国传统吉祥纹样，常用于瓷器，寓意“生生不息”。

青花缠枝花卉 鼻烟壶

Blue and white porcelain snuff bottle with the pattern of flowers and entangled branches

年代：清早期
规格：高 6.0cm

灯笼瓶形，撇口折肩，圆形圈足。颈部绘有一圈如意纹，壶身满绘缠枝花卉。

此壶画工精细，青花发色柔和，花卉表现委婉多姿，动感流畅。

青花八棱灵芝纹鼻烟壶

Blue and white porcelain snuff bottle with eight ridges and the pattern of glossy ganoderma

年代：清雍正
款识：雍正年制
规格：高 5.5cm

八棱瓶形，唇口束颈溜肩，八方形圈足。通体青花绘折枝如意纹，底部青花“雍正年制”楷书款。

此壶胎体洁白，釉面干净明亮，青花发色艳丽，画工流畅舒展，风格清新自然，为雍正官窑上乘之作。

青花缠枝花卉鼻烟壶

Blue and white porcelain snuff bottle with the pattern of flowers and entangled branches

年代：清雍正
款识：雍正年制
规格：高 6.4cm

酒坛形，大唇广口溜肩，圆形圈足，通体以青花绘缠枝花卉图案。颈部一圈如意纹，底部青花“雍正年制”楷书款，附瓷原盖。

此壶器形饱满，胎质细腻洁白，青花发色纯正，应是雍正本朝之物。

青花缠枝花卉鼻烟壶

Blue and white porcelain snuff bottle with the pattern of flowers and entangled branches

年代：清雍正
款识：大清雍正年制
规格：高 6.5cm

酒坛形，大唇广口溜肩，圆形圈足，通体以青花绘云头纹、变形缠枝花卉图案，底部青花“大清雍正年制”楷书款。

此壶器形敦实，釉面光洁温润。

青花群猴献寿筒式鼻烟壶

Cylindrical blue and white porcelain snuff bottle with the pattern of monkeys celebrating longevity

年代：清早期
规格：高 8.4cm

筒瓶形，撇口折肩，圆形圈足。壶身画山林之间，一群猴子在蟠桃树下奔跑嬉戏，或坐或立，或觅食采桃，悠然自得。

此壶釉面肥厚，色泽柔美，小猴憨态尽显，非常有艺术美感。

青花钟馗嫁妹鼻烟壶

Blue and white porcelain snuff bottle with the pattern of the demon catcher Zhong Kui marrying off his sister

年代：清雍正
款识：雍正年制
规格：高 7.0cm

筒瓶形，直口溜肩，圆形圈足。壶身通体青花绘钟馗嫁妹图案。底部青花“雍正年制”楷书款。

此壶画工精湛，大量留白使画面清新淡雅。

青花孟母三迁
鼻烟壶

Blue and white porcelain snuff bottle with the pattern of Mencius's mother moving her home three times

年代：清雍正
款识：大清雍正年制
规格：高 9.7cm

灯笼瓶形，直口溜肩，圆形圈足。壶身青花通景绘孟母三迁图，图中一妇女手牵孩童，后面一女仆肩挑书箱行走于山野。

《孟母三迁》是中国历史上著名的教育故事，讲述了孟子的母亲为了让孟子接受更好的教育而三次迁居。

此壶胎体洁白细腻，画工精细，是雍正时期的精品。底部青花“大清雍正年制”楷书款。

青花寒江独钓
鼻烟壶

Blue and white porcelain snuff bottle with the pattern of fishing alone on a snowy river

年代：清早期
规格：高 5.5cm

青花寒江独钓
鼻烟壶

Blue and white porcelain snuff bottle with the pattern of fishing alone on a snowy river

年代：清康熙
款识：大明宣德年制
规格：高 6.7cm

青花寒江独钓
鼻烟壶

Blue and white porcelain snuff bottle with the pattern of fishing alone on a snowy river

年代：清早期
规格：高 7.5cm

青花山水人物
鼻烟壶

Blue and white porcelain snuff bottle with the pattern of figures in landscape

年代：清早期
规格：高 7.8cm

青花寒江独钓
鼻烟壶

Blue and white porcelain snuff bottle with the pattern of fishing alone on a snowy river

年代：清雍正
款识：雍正年制
规格：高 5.7cm

青花寒江独钓
鼻烟壶

Blue and white porcelain snuff bottle with the pattern of fishing alone on a snowy river

年代：清早期
款识：清溪独钓
规格：高 6.7cm

白釉淡青花狩猎图鼻烟壶

Pale blue and white porcelain snuff bottle with the pattern of hunting

年代：清乾隆
款识：乾隆年制
规格：高 6.6cm

筒瓶形，唇口折肩，圆形圈足，壶身淡青花绘胡人骑射，一头小鹿中箭受伤。底部“乾隆年制”篆书款。

此壶以白色为主色调，用淡青花勾勒出狩猎图，若隐若现，含蓄淡雅，有一种别样的美感。

白釉淡青花暗刻菊花纹鼻烟壶

White-glazed porcelain snuff bottle with the obscure carved pale blue and white chrysanthemum pattern

年代：清中期
规格：高 7.3cm

白釉云蝠青花点眼筒式鼻烟壶

Cylindrical white-glazed porcelain snuff bottle with the pattern of dotted eyes bats in clouds

年代：清中期
规格：高 9.4cm

筒瓶形，唇口折肩，圆形圈足。壶身白釉暗刻云蝠纹，青花点缀眼睛。

此壶最特别的地方就是用青花来点蝙蝠的眼睛，整个白色壶身上只有芝麻一样的几个小蓝点。

瓷胎画珐琅鼻烟壶

Enamel painted porcelain snuff bottle

年代：清乾隆
款识：乾隆年制
规格：高 6.6cm

扁壶形，直口溜肩，椭圆形圈足。颈部一圈墨彩焦叶纹，壶身黄地上绘西番莲纹。底部“乾隆年制”款掉彩严重，隐隐可见。珐琅彩瓷是清宫造办处在皇宫内制作的一种宫廷御用器物，它是把景德镇高温烧成的白瓷运到京城，在宫中再用珐琅料彩绘，然后经低温烧成。瓷胎珐琅彩是瓷中之王，历来受到宫廷的严格控制。瓷胎珐琅彩鼻烟壶更是难得一见。

粉彩一束莲鼻烟壶

Famille rose porcelain snuff bottle
with the pattern
of a lotus with leaves, butterflies and ribbons

年代：清中期
规格：高 5.8cm

扁壶形，壶身由一束莲花雕塑而成，荷花荷叶构成壶身。底足也是一枚小小的荷叶。蝴蝶、飘带做装饰，搭配艳丽的粉彩，整个烟壶构思独特，别有新意。“一束莲”因寓意清廉、高洁，成为深受人们喜爱的主流纹饰。

粉彩葫芦形鼻烟壶

Gourd-shaped famille rose porcelain snuff bottle

年代：清乾隆
款识：乾隆年制
规格：高 6.6cm

扁葫芦形，撇口溜肩束腰，口部描金，体长腹扁，通体以松石绿地粉彩绘缠枝葫芦及蝙蝠，黄色的小葫芦好似在枝蔓之间随风摇曳，矾红蝙蝠在其中翩翩起舞。底部署矾红“乾隆年制”四字印章篆书款。清宫器物装饰讲究“纹必有意，意必吉祥”，本壶通体绘藤蔓葫芦和红蝠，“红蝠”谐音“洪福”，寓意“福禄万代”。

粉彩金地人物鼻烟壶

Gold-grounded famille rose porcelain snuff bottle with the pattern of figures

年代：清道光
款识：道光年制
规格：高 6.2cm

扁瓶形，直口溜肩，椭圆形圈足。壶身满金地，正反两面粉彩绘武士半身像。

一位头戴红缨帽，浓眉长须，身着紫衣黄色围巾，另一位头戴狐皮帽，浓眉长须，身着蓝衣橘色围巾。此壶金釉浓厚，色彩华丽，人物画工细腻，有一种富丽华贵之感。

青釉粉彩耄耋梅瓶
鼻烟壶

Celadon-glazed famille rose plum-vase-shaped porcelain snuff bottle with the pattern of a centenarian with animals and plants

年代：清晚期
规格：高 5.6cm

梅瓶形，撇口溜肩，圆形圈足。壶身粉青釉，粉彩绘猫蝶嬉戏于花丛中。“猫蝶”与“耄耋”谐音，寓意长寿，是古代常用题材。

酱釉开光山水诗文
鼻烟壶

Porcelain snuff bottle with bean-sauce-colored glaze and framed patterns of a landscape painting and a poem

年代：清中期
规格：高 6.2cm

圆方瓶形，撇口溜肩，圆形圈足。壶身以酱釉为饰，四面开光，开光内为白釉墨彩，两面题诗文，两面山水。

青花粉彩花卉鼻烟壶

Blue and white
and famille rose porcelain snuff bottle
with patterns of flowers

年代：清中期
规格：高 6.2cm

方瓶形，撇口折肩，方形圈足。壶身颈部与两侧青花缠枝花卉，正反两面开光，一面绘粉彩荷花，一面绘月季。

此壶青花与粉彩结合，是乾隆时期流行的风格。

钧瓷窑变扁瓶形鼻烟壶

Flat-style porcelain snuff bottle with Jun kiln transmutation glaze

年代：清中期
规格：高 6.0cm

扁瓶形，直口溜肩，椭圆形圈足。此鼻烟壶形制饱满，体态圆肥喜人。通体施窑变釉，釉质滋润肥腴，红若晚霞之艳丽，蓝如夜空之深邃，釉汁流淌，红蓝二色斑斓交融，迷离迤逦，加上特有的自然开片，富于韵味。

仿汝葫芦形鼻烟壶

Gourd-shaped porcelain snuff bottle with glaze imitating the Ru kiln

年代：清中期
规格：高 6.1cm

葫芦形，直口溜肩，月白色釉面，底部三个支烧点。壶身堆塑葫芦藤蔓枝叶，并挂有三个小葫芦。

此壶仿汝窑瓷烧制，釉面莹润，构思巧妙，大小葫芦枝蔓缠绕寓意多子多福，绵延不绝。

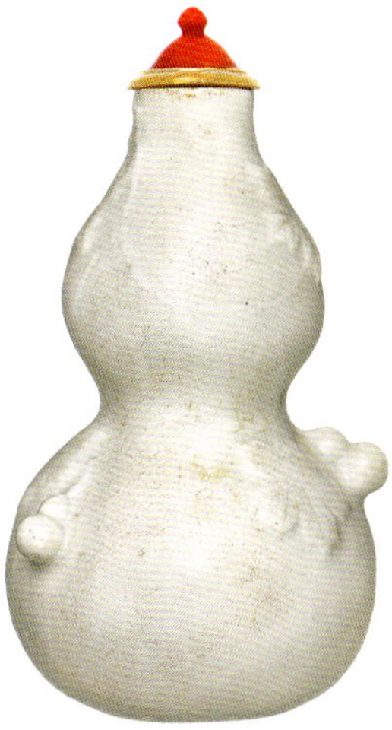

仿官釉鼻烟壶

Porcelain snuff bottle with glaze imitating the Guan kiln

年代：清中期
规格：高 6.8cm

筒瓶形，撇口溜肩，圆形圈足。壶身光素，布满大大小小的开裂纹。此壶仿官窑瓷烧制，但与真正的官窑仍有较大区别。

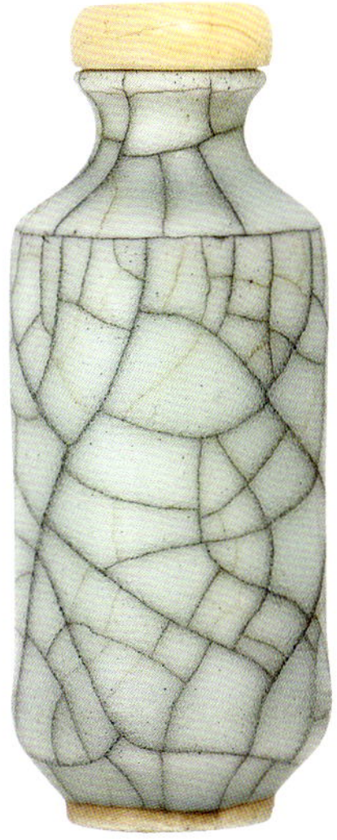

茶叶末釉梅瓶形鼻烟壶

Plum-vase-shaped porcelain snuff bottle with tea-dust glaze

年代：清中期
款识：乾隆年制
规格：高 7.4cm

梅瓶形，唇口溜肩，圆形圈足。壶身单色茶叶末釉，呈现出较为内敛温润的光感，釉色偏黄。

鳝鱼黄釉龙纹鼻烟壶

Eel-yellow glazed porcelain snuff bottle with the pattern of a dragon

年代：清中期
规格：高 6.8cm

梅瓶形，唇口溜肩，圆形圈足。壶身鳝鱼黄釉上画赭色龙纹。鳝鱼黄带彩非常少见。

鳝鱼黄亦称“鳝皮黄釉”，是明清时茶叶末釉的变种，釉层稍薄。

炉钧釉梅瓶形鼻烟壶

Plum-vase-shaped porcelain snuff bottle with furnace Jun glaze

年代：清中期
规格：高 7.1cm

梅瓶形，唇口溜肩，圆形圈足。壶身炉钧釉，深浅蓝色釉相间，流淌的蓝釉形成自然的水波纹路，炉钧色彩万变，星星点点的色斑使人感到变化万千的自然之美。

铁锈花釉胆瓶形鼻烟壶

Gall-bladder-shaped porcelain snuff bottle with rust-colored spots glaze

年代：清中期
规格：高 7.0cm

胆瓶形，直口溜肩，圆形圈足。壶身光素，铁锈花釉。铁锈花瓷器的烧造难度非常大，上品铁锈花器物一件难求。

黄地素三彩鼻烟壶

Porcelain snuff bottle with tricolor on a yellow ground

年代：清康熙
款识：成化
规格：高 6.8cm

筒瓶形，直口折肩，圆形内凹底。壶身黄釉，有三圈旋纹，阴刻花草赏石图，并以黄地上白、绿、紫构成素三彩图案，边上刻有“成化”印款。

素三彩瓷，是在未上釉的素胎上，施以绿、黄、茄紫三色而烧成。其色彩不限于三色，但不用红色。此烟壶器形文雅，黄绿彩釉色艳丽，白色花朵在黄绿色中越发鲜明，为素三彩中的精美之器。

虎皮三彩喜报平安鼻烟壶

Tiger-fur tricolor glazed porcelain snuff bottle with the pattern symbolizes reporting peace joyfully

年代：清早期
规格：高 6.5cm

梅瓶形，唇口溜肩，圆形圈足。壶身虎皮三彩釉，绘画纹。

虎皮三彩瓷器为康熙素三彩瓷器中的新颖品种。器表以黄、绿、紫、白等色釉点染成斑块状，犹如虎皮斑纹，故俗称“虎皮釉”或“虎皮三彩”。

黄地素三彩一鹭莲科鼻烟壶

Porcelain snuff bottle on yellow ground with the pattern of egret and lotus which symbolizes success in the imperial examinations

年代：清康熙
规格：高 7.9cm

筒瓶形，唇口折肩，圆形圈足。壶身黄色为地，阴刻两只白鹭在荷塘中嬉戏。画面由黑、白、黄、绿四种颜色组成，虽是素三彩，但明艳动人。

黄地褐彩独钓鼻烟壶

Yellow ground and brown glazed porcelain snuff bottle with the pattern of fishing alone

年代：清早期
规格：高 4.7cm

瓶形，唇口溜肩，壶身黄地褐彩绘寒江独钓。一老者坐于江边独钓，远山近水，屋舍树木，浓淡相宜。黄地褐彩鼻烟壶非常少见。

玻璃胎画珐琅

第二章 玻璃器

Glass

ENAMEL ON GLASSES

涅白料画珐琅百花不露地鼻烟壶

Opaque white glass snuff bottle with the enamel painted pattern of "hundred flowers"

年代：清雍正
款识：雍正年制
规格：高 4.3cm

扁瓶式，直口溜肩，椭圆形圈足。底署蓝料“雍正年制”楷书款。涅白玻璃胎饱满圆润，器身满绘各种花朵不露间隙，称之为“百花不露地”。它创烧于雍正年间，兴盛于乾隆、嘉庆。百花不露地器物烧制工序之繁缛、设色之丰富、绘画之多彩，绝非数人之力可成，所以有“一器成，天下宠”之说。百花不露地玻璃珐琅彩更是珍品中的珍品。此壶画风典雅，自然流畅，整体用色清新淡雅，繁而不乱，珐琅釉料细腻轻薄，颜色品种丰富多变，应该是早期的进口珐琅釉料。珐琅彩始创于康熙晚期，专供御用或皇室玩赏，成本高、产量少，连宠臣也不会轻易赏之，在清宫众多艺术珍品中至为珍贵。雍正珐琅彩更是皇冠上的明珠，全世界目前所知馆藏雍正珐琅彩只有台北“故宫博物院”珍藏唯一一件竹节式鼻烟壶。可想而知这件鼻烟壶的珍稀程度。

涅白料金地画珐琅花卉纹鼻烟壶

Opaque white glass snuff bottle with the enamel painted pattern of flowers on golden ground

年代：清乾隆
款识：乾隆年制
规格：高 5.0cm

扁瓶形，撇口溜肩，椭圆形圈足。底署蓝料“乾隆年制”篆书款。涅白玻璃胎上施金地珐琅彩。通景绘洞石、兰花、芍药，群花齐放，迎风吐艳，肩部绘装饰纹样，整体构图热闹而不失庄重，富丽而不失唯美，是盛世乾隆精神的寄托与写照。金地珐琅是珐琅中的珍品，非常珍贵。

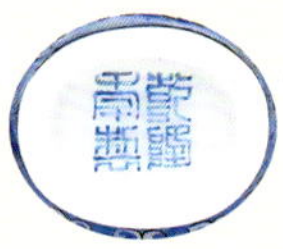

涅白料金地画珐琅
富贵牡丹纹鼻烟壶

Opaque white glass snuff bottle with the enamel painted pattern of peonies on golden ground

年代：清乾隆
款识：乾隆年制
规格：高 5.0cm

扁瓶形，撇口溜肩，椭圆形圈足。底署蓝料“乾隆年制”篆书款。涅白玻璃胎上施金地珐琅彩。壶体两面花瓣式开光，开光内一面绘芙蓉、桂花，一面绘梅花、茶花，寓意富贵荣华。开光外绘缠枝花纹。原配金托青金石盖连象牙匙。鼻烟壶通体饰以金地，整体造型优雅富贵，显示出皇家御用器的富丽堂皇，是宫廷造办处玻璃厂的典范之作。与之纹饰相近、工艺相同的鼻烟壶故宫仅存三件，非常之珍贵。

涅白料金地画珐琅
牡丹纹鼻烟壶

Opaque white glass snuff bottle with the enamel painted pattern of peonies on golden ground

年代：清乾隆
款识：乾隆年制
规格：高 4.5cm

扁壶形，直口溜肩，椭圆形圈足。底署蓝料“乾隆年制”篆书款。涅白地上施金地珐琅彩。绽放的牡丹花花型大而饱满，叶片呈椭圆形，颜色青翠，配上华贵的金色，更加富丽堂皇。牡丹国色天香，寓意富贵吉祥，是宫廷常用之纹饰。

涅白料金地画珐琅
富贵牡丹纹鼻烟壶

Opaque white glass snuff bottle with the enamel painted pattern of peonies on golden ground

年代：清中期
规格：高 4.3cm

扁瓶形，撇口溜肩，椭圆形圈足。涅白玻璃胎上施金地珐琅彩，壶体两面开光绘折枝牡丹，寓意富贵吉祥。此壶虽然无款，但样式饱满，涅白胎质洁白温润，色彩艳丽，通体饰以金地，显示出皇家御用器的富丽华贵，必属于宫廷造办处玻璃厂出品。

涅白料画珐琅浮雕
凤戏牡丹纹鼻烟壶

Opaque white glass snuff bottle with the enamel painted relief pattern of phoenixes playing with peonies

年代：清中期
款识：古月轩
规格：高 5.5cm

扁瓶形，直口溜肩，椭圆形圈足。底署蓝料“古月轩”款。涅白玻璃绘珐琅彩。壶体高浮雕彩绘洞石灵芝牡丹纹，一只彩凤飞于空中，另一只高艳绝俗的凤鸟立于洞石之上回首翘望，高冠长尾，神态俊逸，身姿飘然。凤凰是百鸟之王，美丽无比，它象征光明，是祥瑞的化身。此壶浮雕高起，画工细腻繁复，色彩鲜艳夺目，显示出皇家器物的富丽华贵，是古月轩器物的代表。

涅白料画珐琅皮球花纹鼻烟壶

Opaque white glass snuff bottle with the enamel painted pattern of ball-shaped flowers

年代：清中期
款识：古月轩
规格：高 6.2cm

瓶形，撇口溜肩，圆形圈足。底署蓝料“古月轩”楷书款，涅白玻璃胎珐琅彩绘皮球花纹。

雍、乾两朝的皮球花精细活泼，疏密有致，整个画面既饱满又疏朗，既瑰丽多彩又秀丽清逸，传达出一份华丽而含蓄之美。而道光以后的皮球花就显得越来越呆板，且疏朗单调、缺少变化。皮球花在玻璃胎珐琅彩上难得一见，是宫廷御制的珍品。

涅白料画珐琅浮雕龙衔灵芝纹鼻烟壶

Opaque white glass snuff bottle with the enamel painted embossed pattern of a dragon holding a glossy ganoderma in mouth

年代：清中期
款识：古月轩
规格：高 5.0cm

扁瓶形，直口溜肩，圆形圈足。底署蓝料“古月轩”楷书款，涅白玻璃胎珐琅彩绘螭龙衔灵芝纹。

此壶胎白色艳，高浮雕彩绘两条螭龙口衔灵芝，缠绕壶身首尾相连。这种浮雕与珐琅彩绘相结合的手法使烟壶的画面更加立体逼真，也增添了制壶的难度，非常难得。

涅白料画珐琅百花不露地鼻烟壶

Opaque white glass snuff bottle with the enamel painted pattern of "hundred flowers"

年代：清中期
款识：古月轩
规格：高 3.8cm

鼓腹瓶形，直口溜肩，圆形圈足。底署蓝料“古月轩”款。涅白玻璃胎绘珐琅彩，壶体全身彩绘花朵，间隙施金彩，整体显得富丽堂皇。此壶小巧玲珑。百花不露地的工艺繁复，在这么小的烟壶上施彩更是难上加难。

涅白料画珐琅百花不露地鼻烟壶

Opaque white glass snuff bottle with enamel painted pattern of "hundred flowers"

年代：清中期
款识：古月轩
规格：高 4.0cm

灯笼瓶形，撇口溜肩，圆形圈足。底署蓝料“古月轩”楷书款。涅白玻璃胎上彩绘珐琅彩，壶身通景彩绘百花不露地花纹。

此壶小巧精致，画工精湛。灯笼瓶的形状与乾隆单色料器形完全一致，或可从另一方面证明古月轩款鼻烟壶的断代。

涅白料百花不露地葫芦形鼻烟壶

Gourd-shaped opaque white glass snuff bottle with the pattern of "hundred flowers"

年代：清乾隆
款识：敬制
规格：高 5.3cm

葫芦形，撇口束腰，圆形圈足。底部红料双龙抱“敬制”款。涅白玻璃胎绘珐琅彩。百花不露地画面繁缛，极尽工巧，衬托器物本身的雍容华贵，强烈的视觉冲击表现出了极大的美感。“百花不露地”的制作难度极大，非常费工费时，有“一器成，天下宠”之说。此壶的“敬制”款也非常少见，台北“故宫博物院”藏有一件“敬制”款铜胎画珐琅圆盒，附木匣上阴刻填蓝“乾隆年制铜胎广珐琅西番莲圆盒一件”。

涅白料黄地画珐琅葫芦形鼻烟壶

Opaque white glass snuff bottle with the enamel painted pattern of "fortune and emolument for generations" on yellow ground

年代：清乾隆
款识：乾隆年制
规格：高 5.2cm

葫芦形，直口溜肩，双系耳，束腰凹底。底署红料“乾隆年制”篆书款。涅白玻璃上施黄地珐琅彩，通体绘枝叶繁茂的葫芦。大葫芦上还凸雕九个小葫芦，葫芦长蔓，有连绵不断之意，寓意多子多福、江山永续。

此壶画工精细，色彩艳丽，凸雕的立体感增添了视觉效果，黄地的制式更是权力的象征，底款书写遒劲有力，是宫廷造办处制作之精品。

涅白料画珐琅浮雕提篮花卉鼻烟壶

Opaque white glass snuff bottle with the enamel painted embossed pattern of basket and flowers

年代：清中期
款识：彩华堂
规格：高 5.0cm

鼻烟壶呈花篮形，椭圆形圈足。底署红料“彩华堂”楷书款。涅白玻璃胎绘珐琅彩，上半部绘折枝花卉，下半部浮雕彩绘竹篮形，似一篮盛开的花朵，这是集造型、雕刻、绘画为一体的一种艺术表现形式，新颖别致，让人耳目一新。“彩华堂”款在瓷器上比较常见，不过在玻璃胎珐琅彩器物中，堂名款难得一见。

涅白料画珐琅浮雕一鹭莲科鼻烟壶

Opaque white glass snuff bottle with the enamel painted pattern of a egret and lotuses

年代：清中期
款识：古月轩
规格：高 4.8cm

扁瓶形，直口溜肩，椭圆形圈足。底署蓝料“古月轩”款。涅白玻璃绘珐琅彩，壶体通景高浮雕彩绘荷花鹭鸟，绿色的荷叶衬托着盛开的荷花，一只高冠鹭鸶穿游其中，悠闲自在。此壶设计别具一格，清新典雅。

一路连科的画面为一只鹭鸶和莲花，取“鹭”与“路”、“莲”与“连”的谐音而得名，寓意仕途顺遂，一路连科，是对古代科举考生的祝福语。

涅白料画珐琅螭龙纹磨棱鼻烟壶

Ridged opaque white glass snuff bottle with the enamel painted pattern of double dragons

年代：清乾隆
款识：乾隆年制
规格：高 4.0cm

八棱扁瓶形，直口平肩，长方形平底。底署蓝料“乾隆年制”楷书款。涅白玻璃胎上施粉红地珐琅彩。壶体前后两面凸起，饰一蓝一绿两夔龙纹相互缠绕。环周绘蓝彩缠枝花纹。

此壶造型秀美规矩，纹饰层次清晰，色彩搭配和谐，为宫廷造办处玻璃厂所制精品。可惜这件鼻烟壶珐琅彩受损，实为美中之不足。

涅白料画珐琅西洋人物母子图鼻烟壶

Opaque white glass snuff bottle with the enamel painted figures of western mothers and their sons

年代：清乾隆
款识：乾隆年制
规格：高 4.0cm

八棱扁瓶形，直口平肩，长方形平底。底署蓝料“乾隆年制”楷书款。壶体前后两面凸起，绘西洋人物母子图。

此壶图纹为宫廷画家摹仿西洋画法所绘，形式新颖，与故宫同类画片鼻烟壶应是一脉相承。

涅白料画珐琅御题洞石牡丹鼻烟壶

Opaque white glass snuff bottle with the enamel painted pattern of hole stone and peonies

年代：清乾隆
款识：乾隆年制
规格：高 5.9cm

扁壶形，平底，底署“乾隆年制”楷书款。由于长期的使用磨损，底款模糊不清。涅白地上施珐琅彩。此鼻烟壶一面绘洞石花卉，一面墨彩御题诗。宫中器物，御题不在少数，但玻璃珐琅彩鼻烟壶御题诗很少见，非常难得。

秋雨霏霏碧蘚滋
閑情今回步東籬
不知冷夜寒朝裏
開到幽風第幾枝

第二章 玻璃器

Glass

单色玻璃

MONOCHROME GLASSES

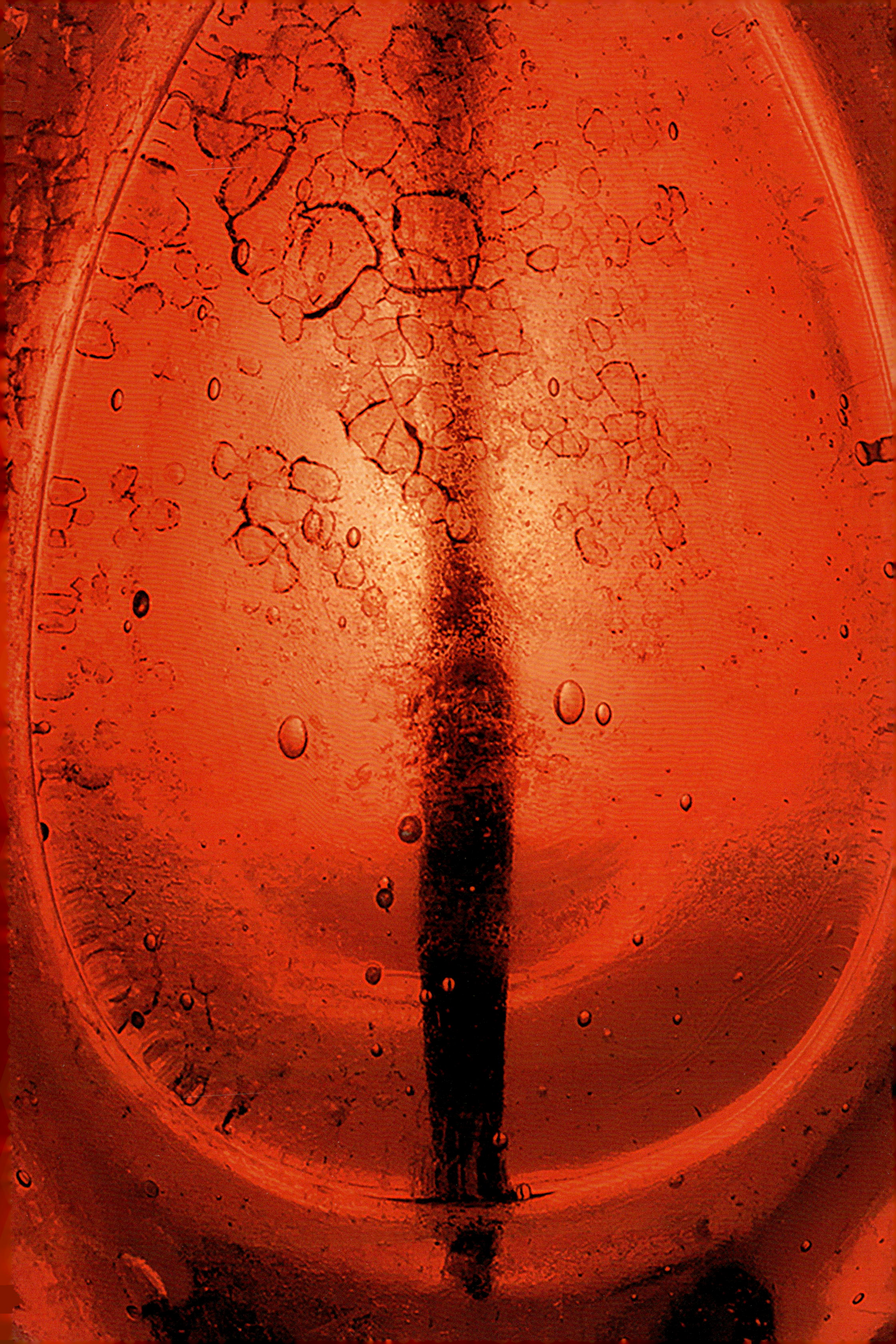

山楂红玻璃扁瓶形鼻烟壶

Flat-style glass snuff bottle in hawthorn red

年代：清雍正
款识：雍正年制
规格：高 6.5cm

扁瓶形，直口溜肩，椭圆形圈足。底部刻“雍正年制”款。通体为透明山楂红色玻璃，壶身侧面变形铺首，正反两面开光。

此壶器形周正，全身布满细小开片，手感偏轻，符合早期吹制玻璃的特征。雍正单色玻璃鼻烟壶据清宫档案记载也有不少，可是带款的难觅踪迹，这是目前所知极少带雍正年款单色料鼻烟壶，是雍正时期的标准器。

鸡油黄玻璃渔樵耕读鼻烟壶

Glass snuff bottle in chicken oil yellow with the pattern of fisherman, woodcutter, farmer and scholar

年代：清中期
规格：高 5.0cm

扁瓶形，撇口溜肩，椭圆形圈足，通体为鸡油黄色不透明玻璃，壶身通景刻渔樵耕读。

此壶雕工精湛，尽显宫廷玉作坊匠师的高超技艺。渔樵耕读是中国农耕社会的四业，是指渔夫、樵夫、农夫与书生，代表了劳动人民的基本生活方式。黄色是帝王专用色，用黄色玻璃雕刻渔樵耕读，暗喻皇帝对淡泊自如人生境界的向往。

辣椒红玻璃渔樵耕读鼻烟壶

Glass snuff bottle in chili red with the pattern of fisherman, woodcutter, farmer and scholar

年代：清中期
规格：高 4.8cm

扁瓶形，鼓腹撇口溜肩，椭圆形圈足，通体辣椒红色不透明玻璃，壶身正反两面浮雕通景渔樵耕读图。

此鼻烟壶小巧盈握，颜色鲜艳纯正，雕刻精美，通景过渡自然，是宫廷为数不多的精品力作。

牛血红玻璃菊花纹鼻烟壶

Glass snuff bottle in ox-blood red with chrysanthemum pattern

年代：清中期
规格：高 5.5cm

扁瓶形，直口溜肩，椭圆形圈足，通体为牛血红色不透明玻璃，壶身满雕盛开的牡丹花。

此壶质感坚硬，正反两面高浮雕一朵盛开的牡丹花，寓意花开富贵，这种高浮雕工艺在鼻烟壶中很少见。

辣椒红玻璃蝙蝠纹鼻烟壶

Glass snuff bottle in chili red with the pattern of bats

年代：清中期
规格：高 5.0cm

扁瓶形，直口溜肩，椭圆形圈足，通体为辣椒红色不透明玻璃，壶身浮雕九只蝙蝠。

蝙蝠纹是宫廷传统的装饰图案，九只蝙蝠暗合“久福”，是典型的古人“有图必有意、有意必吉祥”的呈现。

辣椒红玻璃蝠寿纹鼻烟壶

Glass snuff bottle in chili red with the pattern of bats and "shou" letters which means longevity

年代：清中期
规格：高 5.5cm

扁瓶形，撇口溜肩，椭圆形圈足，通体为辣椒红色不透明玻璃，壶身侧面浮雕两只蝙蝠，正反两面开光浮雕寿字纹。

此壶圆润饱满，颜色艳而不妖。福寿纹是传统吉祥图案，寓意福寿绵长。

辣椒红玻璃鹤鹿鹰熊纹鼻烟壶

Glass snuff bottle in chili red
with the pattern of crane, deer, eagle and bear

年代：清中期
规格：高 4.5cm

扁瓶形，鼓腹撇口溜肩，椭圆形圈足，通体为辣椒红色不透明玻璃，壶身一面浮雕鹤鹿，另一面浮雕鹰熊图案。

此壶器形饱满圆润，小巧盈握，辣椒红色艳丽夺目，外观图案完全用玉作工艺来雕刻，是乾隆玻璃制作工艺的巅峰体现。

青金石蓝玻璃仿古龙纹鼻烟壶

Lazuline glass snuff bottle with the archaistic pattern of dragon

年代：清中期
规格：高 5.0cm

扁瓶形，直口溜肩，椭圆形平足，通体为不透明青金石蓝玻璃，壶身凸雕仿古龙纹。

此壶器形饱满周正，全身满刻简化龙纹。简化龙纹源自古代玉器，是乾隆摹古的一种体现。

宝石红玻璃簸箕纹鼻烟壶

Glass snuff bottle in ruby red with the pattern of wickerwork

年代：清中期
规格：高 4.5cm

扁圆形，撇口溜肩，椭圆形卧足，通体为半透状宝石红色玻璃，壶口雕刻绳纹，壶身满雕簸箕纹。

玻璃鼻烟壶以素为多，重工雕刻的烟壶的成本是光素烟壶的几倍甚至几十倍。这样的工艺只有皇家不计成本才能做到。

翠绿色玻璃簸箕纹鼻烟壶

Glass snuff bottle in emerald green with the pattern of wickerwork

年代：清中期
规格：高 4.0cm

扁圆形，撇口溜肩，椭圆形卧足，通体为半透状翠绿色玻璃，壶口雕刻绳纹，壶身满雕簸箕纹。

此壶刻工精细，翠色纯正，饰以中国传统簸箕纹，是壶中精美之作。

涅白玻璃簸箕纹鼻烟壶

Opaque white glass snuff bottle with the pattern of wickerwork

年代：清中期
规格：高 4.5cm

扁圆形，撇口溜肩，椭圆形卧足，通体为不透明纯白色玻璃，壶口雕刻绳纹，壶身满雕簸箕纹。

豆绿色玻璃簸箕纹鼻烟壶

Glass snuff bottle in pea green with the pattern of wickerwork

年代：清中期
规格：高 4.0cm

瓶形，直口溜肩，椭圆形圈足，通体为不透明豆绿色玻璃，壶身雕簸箕纹。
此壶用传统的纹饰与色彩，将玻璃做出瓷器的质感，这是中国人对待玻璃的特殊方式。

血珀红玻璃宝相花鼻烟壶

Po-phase-flower-shaped glass snuff bottle in blood-amber red

年代：清中期
规格：高 4.5cm

扁瓶形，直口溜肩，花瓣底。通体为琥珀色透明玻璃，壶身整个宝相花造型，由六瓣花瓣组成，中间刻风车样花纹。

此壶色彩独特，造型新颖别致，是乾隆时期的玻璃精品。

胭脂水玻璃宝相花鼻烟壶

Po-phase-flower-shaped glass snuff bottle in light rouge red

年代：清中期
规格：高 4.2cm

扁瓶形，直口溜肩，花瓣底，通体为透明胭脂水玻璃，壶身宝相花形。

此壶胭脂红色泽明艳高贵，宫廷玻璃冶炼技术炉火纯青，颜色已经大大超越了当时欧洲的种类。

酒黄色玻璃宝相花鼻烟壶

Po-phase-flower-shaped glass snuff bottle in vintage yellow

年代：清中期
规格：高 5.0cm

扁瓶形，直口溜肩，椭圆形圈足，通体为酒黄色透明玻璃，刻成宝相花造型，中间两面六片花瓣呈放射状，用琢磨阴刻线表现花瓣的纹理，构思巧妙，刻画精细，极具美感。

湖水绿玻璃宝相花鼻烟壶

Po-phase-flower-shaped glass snuff bottle in aqua green

年代：清中期
规格：高 4.2cm

花式扁圆形，直口溜肩，椭圆形圈足，壶身为湖水绿透明玻璃，宝相花造型犹如一朵盛开的花朵。此壶梦幻般的色彩仿佛江南的一池春水。

宝石蓝玻璃扁壶形鼻烟壶

Flat-style glass snuff bottle in sapphire blue

年代：清中期
规格：高 4.0cm

海棠瓶形，撇口溜肩，椭圆形圈足，通体为透明宝石蓝色玻璃。壶身侧面呈花瓣圆弧形，正反两面椭圆形开光。

此壶色泽纯净，器形优雅，为宫廷造办处出品。

柠檬黄玻璃扁壶形鼻烟壶

Flat-style glass snuff bottle in lemon yellow

年代：清中期
规格：高 4.0cm

海棠瓶形，撇口溜肩，椭圆形圈足，通体为不透明柠檬黄玻璃。壶身两面有椭圆形开光。

浅豆绿玻璃扁壶形鼻烟壶

Flat-style glass snuff bottle in light pea green

年代：清中期
规格：高 4.0cm

扁瓶形，溜肩，椭圆形圈足，通体为不透明浅豆绿色玻璃，壶身正反两面浮雕正圆。

此壶小巧便携，豆绿色纯正自然，极其可爱。

鸡油黄玻璃圆饼形鼻烟壶

Pie-shaped glass snuff bottle in chicken oil yellow

年代：清中期
规格：高 4.5cm

圆饼形，无圈足，通体为不透明浅鸡油黄玻璃。壶身正反两面光素无纹。

此壶小巧可爱，完全以形色取胜。

浅松石绿玻璃圆饼形鼻烟壶

Pie-shaped glass snuff bottle in light turquoise green

年代：清中期
规格：高 5.0cm

圆饼形，无圈足，通体为不透明浅松石绿色玻璃，壶身正反两面光素无纹。

山楂红玻璃扁瓶形鼻烟壶

Flat-style glass snuff bottle in hawthorn red

年代：清乾隆
款识：乾隆年制
规格：高 5.2cm

扁瓶形，撇口溜肩，椭圆形圈足，通体为山楂红色透明玻璃，壶两侧有弧面打磨，正反两面开窗，光素无纹。壶底书“乾隆年制”楷书款。

此壶包浆厚重，表面布满细小微痕，相比其他鼻烟壶手感偏轻，质感相对疏松，是乾隆中晚期吹制鼻烟壶的代表。

金红玻璃扁瓶形鼻烟壶

Flat-style golden ruby glass snuff bottle

年代：清中期
规格：高 5.5cm

扁瓶形，撇口溜肩，椭圆形平足，通体为金红色透明玻璃，壶身光素无纹。

此壶素面光洁，浑然天成，金红色泽纯正艳丽。

透明玻璃扁瓶形鼻烟壶

Flat-style transparent glass snuff bottle

年代：清中期
规格：高 6.3cm

扁瓶形，撇口溜肩，椭圆形圈足，通体为透明玻璃，壶身光素无纹。

宝石红玻璃扁圆形鼻烟壶

Flat round glass snuff bottle in ruby red

年代：清中期
规格：高 5.5cm

扁瓶形，直口溜肩，椭圆形卧足，通体为宝石红色透明玻璃，壶身光素无纹。
清宫玻璃深受几代帝王的喜爱，造价成本高昂，宝石红玻璃尤为名贵。

茶晶玻璃扁圆形鼻烟壶

Flat round glass snuff bottle in citrine tea color

年代：清中期
规格：高 5.0cm

扁瓶形，直口溜肩，椭圆形卧足，通体为透明茶晶玻璃，壶身有几道自然的玻璃肌理纹，为素面无痕的鼻烟壶增加了一些亮点。

湖水绿玻璃鼻烟壶

Glass snuff bottle in aqua green

年代：清中期
规格：高 4.0cm

方瓶形，撇口溜肩，平底。通体湖水绿色透明玻璃，光素无纹。

此壶小巧精致，以优雅的色泽取胜。

宝石红玻璃鼓腹坛形鼻烟壶

Drum-belly jar-shaped glass snuff bottle in ruby red

年代：清中期
规格：高 3.9cm

圆坛形，平口溜肩，圆形圈足，通体宝石红色透明玻璃，壶身光素无纹。

茶晶玻璃蛋形鼻烟壶

Egg-shaped glass snuff bottle in citrine tea color

年代：清中期
规格：高 4.5cm

蛋形，平口，圆形卧足，通体为透明茶晶色玻璃，壶身光素无纹。

此壶造型可爱，虽为单色玻璃，但肌理中又带一点不规则条纹，给原本单一的色彩增加了一些律动。

鸡油黄玻璃菊瓣纹
鼻烟壶

Glass snuff bottle in chicken oil yellow
with the pattern of chrysanthemum petals

年代：清中期
规格：高 5.5cm

扁瓶形，直口溜肩，平底，通体为不透明鸡油黄色玻璃，壶身雕刻放射状花纹，似一朵绽放的菊花，赏心悦目。

胭脂水玻璃菊瓣纹鼻烟壶

Glass snuff bottle in light rouge red with the pattern of chrysanthemum petals

年代：清中期
规格：高 5.0cm

扁瓶形，撇口溜肩，无明显底足，通体为胭脂水透明玻璃，壶身由三层菊瓣纹构成，中心为花蕊，由内而外层层绽放，宛若一朵盛开的菊花，观之极具美感。

宝石蓝玻璃瓜棱鼻烟壶

Melon ridged glass snuff bottle in sapphire blue

年代：清中期
规格：高 4.0cm

瓜棱瓶形，鼓腹撇口溜肩，花形卧足，通体为透明宝石蓝色玻璃，壶身呈八瓣瓜棱。

此壶造型小巧精致，宝石蓝色纯正艳丽，犹如真正的蓝宝石，是同类颜色中的佼佼者，与其他同样款式器形相比，此烟壶更胜一筹。

鸡油黄玻璃瓜棱鼻烟壶

Melon ridged glass snuff bottle in chicken oil yellow

年代：清中期
规格：高 4.0cm

瓜棱瓶形，鼓腹直口溜肩，圆形圈足，通体为鸡油黄色不透明玻璃，壶身呈八瓣瓜棱。

淡绿色玻璃瓜棱鼻烟壶

Melon ridged glass snuff bottle in pale green

年代：清中期
规格：高 3.1cm

瓜棱瓶形，撇口溜肩，圆形内凹底。通体淡绿色透明玻璃，壶身满刻瓜棱。

此壶尺寸极小，造型优雅，瓜棱疏密有致，如果冻般晶莹的淡绿色，非常惹人喜爱，是宫廷玻璃制作炉火纯青的体现。

翠绿色玻璃扁壶形鼻烟壶

Flat-style glass snuff bottle in emerald green

年代：清中期
规格：高 4.0cm

扁壶形，直口溜肩，椭圆形卧足，通体为不透明翠绿色玻璃，壶身正反两面有椭圆形开光，光素无纹。

松石绿玻璃几何磨棱扁壶形鼻烟壶

Flat-round glass snuff bottle in turquoise green with geometric ridges

年代：清中期
规格：高 3.6cm

浅豆绿玻璃几何磨面扁壶形鼻烟壶

Glass snuff bottle in light pea green with geometric surfaces

年代：清中期
规格：高 3.5cm

天青色玻璃扁壶形
鼻烟壶

Flat-style glass snuff bottle in sky blue

年代：清中期
规格：高 3.5cm

扁壶形，直口溜肩，椭圆形内凹底，通体为天青色不透明玻璃。壶身正反两面开光，光素。此壶颜色纯正，虽无纹饰，却不失可爱。

宝石红玻璃几何磨棱
鼻烟壶

Glass snuff bottle in ruby red with geometric surface

年代：清中期
规格：高 4.0cm

酒黄色玻璃扁壶形
鼻烟壶

Flat-style glass snuff bottle in vintage yellow

年代：清中期
规格：高 4.0cm

苔藓绿玻璃鼓钉纹鼻烟壶

Glass snuff bottle in moss green with the pattern of drum nails

年代：清中期
规格：高 4.0cm

扁瓶形，直口溜肩，椭圆形圈足，通体为苔藓绿色透明玻璃，壶身侧面有鼓钉纹，正反两面光素无纹。

茶晶玻璃鼓钉纹鼻烟壶

Glass snuff bottle in citrine tea color with the pattern of drum nails

年代：清中期
规格：高 5.0cm

扁瓶形，直口溜肩，椭圆形圈足，通体为茶晶色透明玻璃。壶身两侧浮雕鼓钉纹，正反两面光素无纹。

透明玻璃鼓钉纹鼻烟壶

Transparent glass snuff bottle
with the pattern of drum nails

年代：清中期
规格：高 4.2cm

扁瓶形，直口溜肩，椭圆形圈足，通体为透明玻璃，壶身侧面为一圈鼓钉纹，正反两面光素。

胭脂红玻璃鼓钉纹鼻烟壶

Glass snuff bottle
in rouge red
with the pattern of drum nails

年代：清中期
规格：高 4.8cm

扁瓶形，直口溜肩，椭圆形圈足，通体为胭脂红色透明玻璃。壶身两侧浮雕鼓钉纹，正反两面光素无纹。此壶表面泛碱，有一层彩色的蛤蜊光。

鸡油黄玻璃葫芦形鼻烟壶

Gourd-shaped glass snuff bottle in chicken oil yellow

年代：清中期
规格：高 6.0cm

葫芦形，撇口溜肩，圆形圈足，通体为不透明鸡油黄色玻璃，壶身浮雕云、蝠图案。

葫芦寓意多子多福，黄色是帝王专用色，更有子嗣绵长、江山永固的美好祝愿，是一件不可多得的壶中精品。

胭脂水玻璃葫芦形鼻烟壶

Gourd-shaped glass snuff bottle in rouge red

年代：清中期
规格：高 4.3cm

葫芦形，撇口溜肩，圆形圈足。通体胭脂水透明玻璃，壶身光素。

此壶精致小巧，以纯正的颜色和优雅的器形取胜。

宝石红玻璃葫芦双联鼻烟壶

Twin-gourd-shaped glass snuff bottle in ruby red

年代：清中期
规格：高 4.5cm

葫芦形，撇口溜肩，圆形卧足，通体为宝石红色透明玻璃，壶身光素无纹。

此壶由两个葫芦双联而成。合欢葫芦寓意多子多福、家庭幸福美满。双联壶在乾隆时期比较常见。

牛血红玻璃葫芦形鼻烟壶

Gourd-shaped glass snuff bottle in ox-blood red

年代：清中期
规格：高 4.4cm

葫芦形，撇口溜肩，三瓣花口形圈足，通体为牛血红色不透明玻璃，壶身三道瓜棱，光素无纹。此壶器形优美，色泽沉稳，寓意美好。

牛血红玻璃扁葫芦形几何磨棱鼻烟壶

Gourd-shaped glass snuff bottle in ox-blood red with geometric ridges

年代：清中期
规格：高 5.5cm

扁葫芦形，撇口溜肩，椭圆形圈足，通体为牛血红色不透明玻璃。壶身扁平，正反两面打磨成不规则几何面。

松石绿玻璃葫芦形鼻烟壶

Gourd-shaped glass snuff bottle in turquoise green

年代：清中期
规格：高 5.5cm

葫芦形，撇口溜肩，圆形圈足，通体为松石绿色不透明玻璃，器表光素无纹。

此壶表面有绿松石铁线般的纹理，惟妙惟肖，几可乱真。

天蓝色玻璃葫芦形鼻烟壶

Gourd-shaped azure glass snuff bottle

年代：清中期
规格：高 4.9cm

葫芦形，撇口溜肩，圆形圈足。通体天蓝色不透明玻璃。壶身一面带有深浅不一的圆形玻璃料肌理纹。壶身雕作葫芦形，通“福禄”，寓意吉祥。

宝石蓝玻璃八棱几何面鼻烟壶

Glass snuff bottle in sapphire blue with eight ridges and geometric surfaces

年代：清乾隆
款识：乾隆年制
规格：高 4.0cm

扁瓶形，直口平肩，长方形平底，通体为宝石蓝色透明玻璃，壶体磨成规则的八角形，正反两面开光，几何形磨棱，底部阴刻“乾隆年制”款。

此壶色泽纯净，刻款遒劲有力，是乾隆时期的标准器。

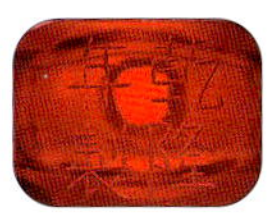

宝石红玻璃八棱鼻烟壶

Glass snuff bottle in ruby red with eight ridges

年代：清乾隆
款识：乾隆年制
规格：高 4.0cm

扁瓶形，直口平肩，长方形平底，通体为宝石红色透明玻璃，壶身磨成规则八角形，两面圆形开光，底部阴刻“乾隆年制”款。

此壶为宫廷造办处玻璃厂制作，用料考究，色泽红亮，是乾隆时期的标准器。

海蓝宝石色八棱几何磨面鼻烟壶

Glass snuff bottle in aquamarine color with eight ridges and geometric surfaces

年代：清中期
规格：高 3.6cm

扁壶形，直口平肩，正方形平底。通体透明海蓝宝色玻璃。壶身两侧八棱打磨，正反两面不规则三角棱形切割打磨。此壶仿海蓝宝石色，颜色纯净通透，几可乱真，西方宝石切割打磨工艺让此壶像真正的宝石一样熠熠生光，令人见之难忘。

宝石红玻璃八棱凹凸面鼻烟壶

Glass snuff bottle in ruby red with eight ridges and concave-convex surfaces

年代：清中期
规格：高 4.5cm

扁瓶形，直口平肩，长方形平底。通体为透明宝石红色玻璃，壶身侧面打磨八棱，正反两面棱形打洼磨面。

此壶色彩鲜艳纯正，双面运用宝石切割工艺，令整个壶身看起来光彩夺目，是中西文化艺术融合的见证。

01

02

03

04

05

06

07

08

09

10

11

12

01

胭脂水玻璃八棱几何面鼻烟壶

Glass snuff bottle in rouge red with eight ridges and geometric surfaces

年代：清中期
规格：高 2.8cm

02

深绿色玻璃八棱几何面鼻烟壶

Glass snuff bottle in dark green with eight ridges and geometric surfaces

年代：清中期
规格：高 3.0cm

03

湖水绿玻璃八棱几何面鼻烟壶

Glass snuff bottle in aqua green with eight ridges and geometric surfaces

年代：清中期
规格：高 3.5cm

04

茶晶玻璃八棱鼻烟壶

Glass snuff bottle in citrine tea color with eight ridges

年代：清中期
规格：高 3.2cm

05

深绿色玻璃八棱几何面鼻烟壶

Glass snuff bottle in dark green with eight ridges and geometric surfaces

年代：清中期
规格：高 3.8cm

06

透明白玻璃八棱几何面鼻烟壶

Transparent white glass snuff bottle with eight ridges and geometric surface

年代：清中期
规格：高 3.5cm

07

宝石红玻璃八棱几何面鼻烟壶

Glass snuff bottle in ruby red with eight ridges and geometric surfaces

年代：清中期
规格：高 2.5cm

08

酒黄色玻璃八棱几何面鼻烟壶

Glass snuff bottle in vintage yellow with eight ridges and geometric surfaces

年代：清中期
规格：高 2.5cm

09

宝石蓝玻璃八棱几何面鼻烟壶

Glass snuff bottle in sapphire blue with eight ridges and geometric surfaces

年代：清中期
规格：高 2.5cm

10

松石绿玻璃八棱几何面鼻烟壶

Glass snuff bottle in turquoise green with eight ridges and geometric surfaces

年代：清中期
规格：高 3.0cm

11

天青色玻璃八棱几何面鼻烟壶

Glass snuff bottle in sky blue with eight ridges and geometric surfaces

年代：清中期
规格：高 2.9cm

12

山楂红玻璃八棱几何面鼻烟壶

Glass snuff bottle in hawthorn red with eight ridges and geometric surface

年代：清中期
规格：高 4.0cm

明黄色玻璃八棱鼻烟壶

Glass snuff bottle in bright yellow with eight ridges

年代：清中期
规格：高 4.5cm

扁瓶形，直口平肩，长方形平底，通体为明黄色不透明玻璃，壶身侧面打磨八棱，正反面光素无纹。明黄色在黄色系玻璃中非常少见。

海水绿玻璃八棱鼻烟壶

Glass snuff bottle in seawater green with eight ridges

年代：清中期
规格：高 4.0cm

扁瓶形，直口平肩，长方形平底，通体为海水绿色透明玻璃，壶身侧面磨成八棱面，正反两面光素无纹。此壶虽然造型简单，但颜色少见，是清三代玻璃器颜色丰富多彩的佐证。

涅白玻璃八棱鼻烟壶

Opaque white glass snuff bottle with eight ridges

年代：清中期
规格：高 4.6cm

扁瓶形，直口溜肩，长方形平底，通体为涅白色不透明玻璃，壶身侧面打磨八棱，正反面光素无纹。

藕粉色玻璃八棱绳纹鼻烟壶

Eight-ridged glass snuff bottle in heather pink with the cord pattern

年代：清中期
规格：高 4.8cm

扁壶形，唇口直肩，椭圆形圈足，通体藕粉色半透明玻璃。壶身侧面八棱打磨，边框作绳纹，正反两面绳纹椭圆形开光。

此壶颜色娇嫩，绳纹细致逼真，非常惹人喜爱，非宫造不可为。

黄金星玻璃几何磨面鼻烟壶

Aventurine glass snuff bottle in yellow with geometric surfaces

年代：清乾隆
规格：高 4.6cm

直口平肩，棱形平底。通体半透明黄色金星玻璃。壶身由不同菱形组成，是典型的异域风格。金星玻璃是乾隆朝特有的珍稀品种，数量非常稀少。

胭脂红玻璃几何磨面鼻烟壶

Glass snuff bottle in rouge red with geometric surfaces

年代：清中期
规格：高 5.5cm

扁瓶形，直口平肩，几何形平底，通体为透明胭脂红色玻璃，壶身被打磨成多个不规则几何平面，犹如一颗璀璨夺目的宝石。

宝石蓝玻璃几何磨面鼻烟壶

Glass snuff bottle in sapphire blue with geometric surfaces

年代：清中期
规格：高 5.0cm

扁瓶形，直溜肩，几何形平底，通体为透明宝石蓝色玻璃，壶身被打磨成多个不规则几何平面。
此壶的外型设计仿照了宝石的切割工艺，是典型西方技术输入的见证。

松石绿玻璃几何磨面鼻烟壶

Glass snuff bottle in turquoise green with geometric surfaces

年代：清中期
规格：高 4.5cm

八棱扁瓶形，直口平肩，几何形平底，通体为松石绿色不透明玻璃，壶身被打磨成多个不规则几何平面。此壶小巧精致，仿松石绿的颜色非常逼真，宝石切割工艺造型是宫廷玻璃中西融合的范例。

鸡油黄玻璃几何磨面鼻烟壶

Glass snuff bottle in chicken oil yellow with geometric surfaces

年代：清中期
规格：高 5.0cm

扁瓶形，直口平肩，几何形平底，通体为不透明鸡油黄色玻璃，壶身被打磨成多个不规则钻石切面。此壶的制造风格是清宫玻璃制造皇家品位与西方工艺风格的融合。

天青色玻璃几何磨面鼻烟壶

Glass snuff bottle in sky blue with geometric surfaces

年代：清中期
规格：高 5.0cm

扁瓶形，撇口平肩，几何形平底，通体为不透明天青色玻璃，壶身被打磨成多个不规则几何平面。天青色比天蓝色要淡一些，代表着中国人对美的一种浪漫追求，凝聚着万千诗意。

西瓜水玻璃仿古龙纹鼻烟壶

Glass snuff bottle in watermelon pink with the archaistic pattern of dragon

年代：清中期
规格：高 6.5cm

扁瓶形，唇口溜肩，通体为西瓜水粉色透明玻璃，壶身正反两面浮雕仿古龙纹。此壶颜色晶莹透亮，粉嫩娇艳。入手有坚硬感，是胎质细腻坚硬的表现。仿古纹饰与玻璃结合，产生意想不到的效果，既复古又时尚。

胭脂水玻璃松鹿图鼻烟壶

Glass snuff bottle in rouge red
with the pattern of pines and a deer

年代：清中期
规格：高 5.0cm

扁瓶形，撇口溜肩，椭圆形圈足，通体为胭脂水透明玻璃，壶身一面刻梅树飞鸟，另一面刻松鹿图，寓意爵禄封侯、福寿康宁。
此壶纹饰设计生动，寓意美好，通景浮雕精美细微，胭脂水色通透明艳，是宫廷玻璃壶中的精品力作。

宝石蓝玻璃松鹤图
鼻烟壶

Glass snuff bottle in sapphire blue
with the pattern of pines and a crane

年代：清中期
规格：高 5.0cm

圆瓶形，撇口溜肩，圆形圈足，通体为透明蓝色玻璃，壶身通景浮雕松鹤图。此壶外部浮雕采用治玉的方式琢刻而成，刻花是乾隆时期玻璃工艺的一个重要品种。

胭脂水玻璃花卉形太极纹鼻烟壶

Glass snuff bottle in rouge red with pattern of flower-shaped Taiji which means the Diagram of the Universe

年代：清中期
规格：高 4.5cm

扁壶形，直口溜肩，通体胭脂红色透明玻璃。壶身做成花朵形状，花蕊中心刻有太极图。
此壶色泽艳丽，设计独具创意，很有视觉美感。

西瓜水玻璃双面花卉纹鼻烟壶

Glass snuff bottle in watermelon pink with double-sided patterns of flowers

年代：清中期
规格：高 5.6cm

扁壶形，撇口溜肩，椭圆形圈足，通体西瓜水透明玻璃。壶身两侧竹节式雕刻，正反两面开光，开光内浮雕兰草纹。
此壶颜色粉嫩娇艳，晶莹剔透，不见一个气泡，实属难得，可见宫廷玻璃制造技艺达到了炉火纯青的境界。

宝石红玻璃鼓钉菊花纹鼻烟壶

Glass snuff bottle in ruby red with patterns of drum nails and chrysanthemums

年代：清中期
款识：甲子
规格：高 4.6cm

扁瓶形，直口溜肩，椭圆形圈足。通体为透明宝石红色玻璃，壶身两侧浮雕鼓钉纹，正反两面开光内雕菊花纹，左上角刻“甲子”印文款，此印款难得一见。

宝石红玻璃抱月瓶形八卦纹鼻烟壶

Moon-flask-shaped glass snuff bottle in ruby red with the pattern of the Eight Diagrams

年代：清中期
规格：高 5.5cm

抱月瓶形，直口溜肩，椭圆形圈足，通体宝石红色透明玻璃，肩部浮雕两条变形龙，壶身正反两面浮雕八卦纹。抱月瓶虽是瓷器常见器型，但在鼻烟壶中较为少见，可谓“小器大样”。

宝石蓝玻璃酒坛形绳纹鼻烟壶

Wine-jar-shaped glass snuff bottle in sapphire blue with the pattern of cord

年代：清中期
规格：高 5.6cm

酒坛形，唇口溜肩，圆形圈足，通体宝石蓝色透明玻璃，壶身浮雕绳纹。

此壶色泽透亮深沉，如同真正的蓝宝石。

浅松石绿玻璃酒坛形绳纹鼻烟壶

Wine-jar-shaped glass snuff bottle in light turquoise green with the pattern of cord

年代：清中期
规格：高 4.5cm

酒坛形，撇口溜肩鼓腹，圆形圈足，通体为浅松石绿色不透明玻璃，壶身刻绳索纹，让酒坛造型更加逼真。

此酒坛形鼻烟壶小巧精致，是能工巧匠追求极致的体现。

松石绿玻璃酒坛形绳纹鼻烟壶

Wine-jar-shaped glass snuff bottle in turquoise green with the pattern of cord

年代：清中期
规格：高 5.0cm

酒坛形，唇口平肩，圆形圈足，通体为不透明松石绿色玻璃，瓶身浮雕绳索纹。此壶松石纹理尽现，酒坛造型惟妙惟肖，造办处高超的玻璃制造技术令人惊叹。

翠绿色玻璃瓶形绳纹鼻烟壶

Vase-shaped glass snuff bottle in emerald green with the pattern of cord

年代：清中期
规格：高 7.0cm

酒坛形，撇口溜肩，圆形圈足，通体为半透状翠绿色玻璃，壶身浮雕绑结绳纹。
此壶绳结纹刻画精致，增添了烟壶的审美情趣。

宝石蓝玻璃蕉叶龙纹鼻烟壶

Glass snuff bottle in sapphire blue with the pattern of banana leaves and dragons

年代：清中期
规格：高 5.5cm

圆瓶形，撇口溜肩，圆形圈足，通体为宝石蓝色透明玻璃，颈肩部饰蕉叶纹，壶体上下有四道绳纹，壶体中间饰四对仿古龙纹，近底部有一圈仰莲纹。

此壶色彩纯正，刻工繁复，不可多得。

胭脂红玻璃蕉叶龙纹鼻烟壶

Glass snuff bottle in rouge red
with the pattern of banana leaves and dragons

年代：清中期
规格：高 5.7cm

圆瓶形，撇口溜肩，圆形圈足，通体为胭脂红色透明玻璃，颈肩部饰蕉叶纹，壶体上下有四道绳纹，壶体中间饰四对仿古龙纹，近底部有一圈仰莲纹。

此壶刻工之繁复无以复加。据资料记载，此类刻花玻璃鼻烟壶的工时是素烟壶的几倍甚至几十倍，它是盛世乾隆工艺的体现，后朝几乎不见。

青金石蓝玻璃六棱瓶形鼻烟壶

Glass snuff bottle in lazuline with six ridges

年代：清中期
规格：高 4.0cm

六棱瓶形，撇口溜肩，卧足，通体青金石蓝色不透明玻璃，壶身由六瓣组成，肩上一圈花瓣纹。
此壶仿瓷器的六棱瓶造型，靠纯正的颜色和优雅的线条打动观者。

杏黄色玻璃盖碗形鼻烟壶

Covered-bowl-shaped glass snuff bottle in apricot yellow

年代：清中期
规格：高 4.5cm

瓶形，直口溜肩，圆形圈足，通体为杏黄色不透明玻璃。壶身光素无纹。

此壶盖罐形设计巧妙独特，在众多黄色鼻烟壶中，杏黄色并不多见。

青金石蓝玻璃盖碗形鼻烟壶

Covered-bowl-shaped glass snuff bottle in lazuline

年代：清中期
规格：高 4.8cm

瓶形，直口溜肩，圆形圈足，通体青金石蓝色不透明玻璃，壶身光素无纹。

青金石是一种矿石，多数源于阿富汗，是一种名贵的蓝色矿物颜料。蓝色的天然颜料中能永不变色的只有青金石。

松石绿玻璃瓶形鼻烟壶

Vase-shaped glass snuff bottle in turquoise green

年代：清中期
规格：高 4.0cm

瓶形，撇口溜肩，圆形圈足，通体为松石绿色不透明玻璃，壶身光素无纹。

藕粉色玻璃瓶形鼻烟壶

Vase-shaped glass snuff bottle in heather pink

年代：清中期
规格：高 5.5cm

瓶形，撇口溜肩，圆形圈足，通体为藕粉色不透明玻璃，壶身光素无纹。

此壶饱满圆润，粉红色妖娆可爱。粉色玻璃较为少见。

鸡油黄玻璃观音瓶形鼻烟壶

Avalokiteshvara-vase-shaped glass snuff bottle in chicken oil yellow

年代：清中期
规格：高 6.5cm

瓶形，撇口溜肩，圆形平足，通体为不透明鸡油黄色玻璃，壶身光素无纹。

此壶没有一丝雕刻，以优雅的造型、亮丽的色彩取胜。

浅豆绿玻璃观音瓶形鼻烟壶

Avalokiteshvara-vase-shaped glass snuff bottle in light pea green

年代：清乾隆
款识：乾隆年制
规格：高 4.5cm

瓶形，撇口溜肩，圆形平足。通体为浅豆绿色不透明玻璃，全身光素无纹。底部“乾隆年制”刻款。此壶颜色淡雅，无杂质，全素无纹，以准确优美的造型、相得益彰的色彩取胜。有纪年款的器物是同时期玻璃材质与器型的标准参照。

宝石红玻璃观音瓶形鼻烟壶

Avalokiteshvara-vase-shaped glass snuff bottle in ruby red

年代：清中期
规格：高 5.0cm

瓶形，撇口溜肩，圆形圈足，通体为宝石红色透明玻璃，壶身光素无纹。

观音瓶多为瓷器造型，在这么小的鼻烟壶上准确体现器形的优雅，难度非常大。

柠檬黄玻璃观音瓶形鼻烟壶

Avalokiteshvara-vase-shaped glass snuff bottle in lemon yellow

年代：清中期
规格：高 4.2cm

瓶形，撇口溜肩，圆形平足，通体为不透明柠檬黄色玻璃。壶身光素无纹。

青金石蓝玻璃六瓣瓶形鼻烟壶

Hexagonal-shaped glass snuff bottle in lazuline

年代：清中期
规格：高 5.0cm

六瓣瓶形，撇口溜肩，六方卧足，通体青金石蓝色不透明玻璃，壶身由六瓣组成，光素无纹。

此壶仿瓷器的六方瓶造型，光素无纹，全靠纯正的颜色、优雅的线条打动人。

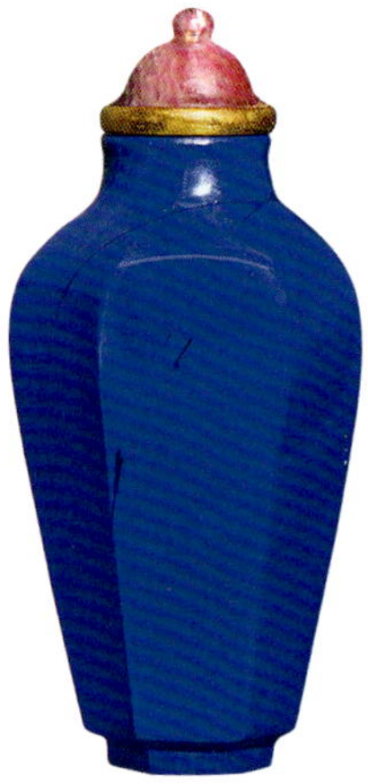

鸡油黄玻璃几何磨棱圆瓶形鼻烟壶

Round-vase-shaped glass snuff bottle in chicken oil yellow with geometric ridges

年代：清中期
规格：高 5.0cm

瓶形，直口溜肩，几何形平底，通体为不透明鸡油黄色玻璃，壶身被打磨成多个不规则棱形切面。

此壶用宝石切割打磨的方式来制作，既典雅又时尚。

青金石蓝玻璃六面打洼圆瓶形鼻烟壶

Round-vase-shaped glass snuff bottle in lazuline with six concave sides

年代：清中期
规格：高 5.2cm

圆瓶形，撇口溜肩，内凹圈足，通体为不透明青金石蓝色玻璃，壶身有六瓣花瓣形打洼。
此壶色彩艳丽，造型优雅，是单色玻璃型与色的完美追求。

柠檬黄玻璃六面打洼圆瓶形鼻烟壶

Round-vase-shaped glass snuff bottle in lemon yellow with six concave sides

年代：清中期
规格：高 5.0cm

圆瓶形，撇口溜肩，内凹圈足，通体为不透明柠檬黄色玻璃，壶身有六瓣花瓣形打洼。

青金石蓝玻璃仿琮式瓶鼻烟壶

Jade-Cong-shaped glass snuff bottle in lazuline

年代：清中期
规格：高 3.5cm

玉琮形，撇口溜肩，方形圈足，通体为青金石蓝色不透明玻璃，壶身有三组九条浮雕阳线。

琮是中国古代重要的礼器之一。此壶仿良渚玉琮形，是乾隆朝仿古器物的体现之一。

青金石蓝玻璃喜鹊登梅鼻烟壶

Glass snuff bottle in lazuline with the pattern of magpies on plum blossom

年代：清中期
规格：高 4.2cm

扁壶形，直口溜肩，圆形卧足，通体为青金石蓝色不透明玻璃，壶身双面刻喜鹊登梅图。
此壶饱满敦厚，雕刻精美，寓意美好，是玻璃鼻烟壶之佼佼者。

松石绿玻璃梅花菊石纹
鼻烟壶

Glass snuff bottle in turquoise green with the pattern of plum blossoms, chrysanthemums and stones

年代：清中期
规格：高 5.2cm

扁瓶形，撇口溜肩，椭圆形圈足，通体为松石绿色不透明玻璃，壶身刻深浮雕梅花菊石图。

此壶大小适中，梅花菊石是深受大众喜爱的题材，用高浮雕表现在一只小小的烟壶上，实属难见。

浅松石绿玻璃扁瓶形双面刻花鼻烟壶

Flat-vase-shaped glass snuff bottle
in light turquoise green
with doubled-sided engraved patterns

年代：清中期
规格：高 5.2cm

扁瓶形，撇口溜肩，椭圆形圈足，通体为不透明浅松石绿色玻璃。壶身两侧浮雕鼓钉纹，正反两面浮雕花瓣纹。

此壶色彩淡雅，器形优雅。

鸡肝色玻璃寿字纹鼻烟壶

Glass snuff bottle in agate color
with the pattern of "longevity" characters

年代：清中期
规格：高 6.0cm

扁壶形，撇口溜肩，平底。壶两面外圈刻回字纹，中间浮雕团寿纹。

此壶颜色稀少，团寿纹有生命绵延不断之意，寓意吉祥长寿。

墨绿色玻璃苍龙教子纹鼻烟壶

Glass snuff bottle in blackish green with the pattern of a dragon teaching its child

年代：清中期
规格：高 5.5cm

瓶形，直口溜肩，圆形圈足，通体为不透明墨绿色玻璃，器身浮雕两条螭龙，寓意苍龙教子。

龙纹在单色玻璃雕刻的鼻烟壶中出现极少，此壶是典型的宫廷制造。

柠檬黄玻璃童子抱瓶鼻烟壶

Glass snuff bottle
in lemon yellow in the shape
of a child holding a bottle

年代：清中期
规格：高 6.0cm

扁瓶形，唇口溜肩，椭圆形圈足，通体为不透明柠檬黄色玻璃。壶身口肩处有两道弦纹，右侧一圆雕童子攀爬壶身。

此壶设计独特，独具匠心，童子神态可爱，尽显制造者的童心雅趣，难能可贵。

柠檬黄玻璃扁瓶形鼻烟壶

Flat-style glass snuff bottle in lemon yellow

年代：清中期
规格：高 6.0cm

扁瓶形，溜肩，椭圆形圈足，通体为不透明柠檬黄色玻璃。壶身口肩处有两道弦纹。

此壶形态优美，犹如美人袅娜娉婷。

宝石红玻璃圆瓶形鼻烟壶

Cylindrical-vase-shaped glass snuff bottle in ruby red

年代：清中期
规格：高 3.8cm

筒瓶形，直口溜肩，圆形内凹底足，通体为宝石红色透明玻璃，壶身光素无纹。

此壶以优雅的造型、纯正的颜色胜出。

胭脂红玻璃圆瓶形鼻烟壶

Cylindrical-vase-shaped glass snuff bottle in rouge red

年代：清中期
规格：高 6.0cm

筒瓶形，溜肩大口，内凹底足，通体为胭脂红色透明玻璃，壶口有一道绳纹。

此壶胭脂红色纯正透亮，无气泡。仿瓷器筒瓶的式样，直筒大口，体型偏大，蕴含天下一统的美好寓意。

胭脂红玻璃灯笼形鼻烟壶

Lantern-shaped glass snuff bottle in rouge red

年代：清中期
规格：高 4.0cm

灯笼形，撇口溜肩，圆形圈足，通体为胭脂红色透明玻璃，壶身光素无纹。

此壶小巧玲珑，造型优美，小器大样。

宝石红玻璃扁瓶形鼻烟壶

Flat-style glass snuff bottle in ruby red

年代：清中期
规格：高 6.2cm

扁瓶形，撇口溜肩，椭圆形圈足，通体为宝石红色透明玻璃，壶身正反两面椭圆形开光。

柠檬黄玻璃八棱柱形鼻烟壶

Octagonal-prism-shaped glass snuff bottle in lemon yellow

年代：清中期
规格：高 4.5cm

圆柱形，撇口折肩，圆形圈足，通体为不透明柠檬黄色玻璃，壶身切割打磨成八块长方形切面。

此壶刚劲挺拔，壶身小巧玲珑，颜色娇艳动人，极尽可爱。

翠绿色玻璃柱形鼻烟壶

Column-shaped glass snuff bottle in emerald green

年代：清中期
规格：高 5.8cm

筒瓶形，广口，圆形圈足。通体为翠绿色半透明玻璃，壶身光素无纹。

此壶延续了清早期的瓷器造型。

宝石蓝玻璃柱形鼻烟壶

Column-shaped glass snuff bottle in sapphire blue

年代：清中期
规格：高 6.0cm

圆柱形，直口平肩，圆形圈足，通体为透明蓝色玻璃，壶身光素无纹。

海水绿玻璃几何磨棱鼻烟壶

Glass snuff bottle in seawater green with geometric ridges

年代：清中期
规格：高 4.8cm

圆瓶形，直口溜肩，圆形内凹底。通体为海水绿色透明玻璃，壶身作宝石切面打磨，观之恍若海风扑面。这种用色的高级感是中国古代文化的深厚积淀。

透明玻璃几何磨棱鼻烟壶

Transparent glass snuff bottle with geometric ridges

年代：清中期
规格：高 5.1cm

圆瓶形，直口溜肩，圆形内凹底。通体为透明玻璃，壶身作宝石切面打磨，使烟壶更加晶莹通透，如宝石般熠熠生辉。

透明玻璃几何异形磨棱
鼻烟壶

Transparent glass snuff bottle
with irregular geometric shape and ridges

年代：清中期
规格：高 6.1cm

异形，直口溜肩，通体为透明玻璃，壶身作不规则多棱面切割打磨。如同宝石切割般的工艺让玻璃更加光彩夺目。

酒黄色玻璃几何异形磨棱
鼻烟壶

Glass snuff bottle in vintage yellow
with irregular geometric shape and ridges

年代：清中期
规格：高 5.8cm

异形，直口溜肩，通体为透明酒黄色玻璃，壶身作不规则多棱面切割打磨。

此壶色彩纯正，设计新颖，别具创意。

亮绿色玻璃几何异形鼻烟壶

Glass snuff bottle in bright green with irregular geometric shape

年代：清中期
规格：高 6.5cm

异形，直口溜肩，无明显底足，通体为亮绿色透明玻璃，壶身上窄下宽呈不规则几何形。

此烟壶造型独特，由不同的几何形状组成，是典型的受西方文化影响的设计风格。

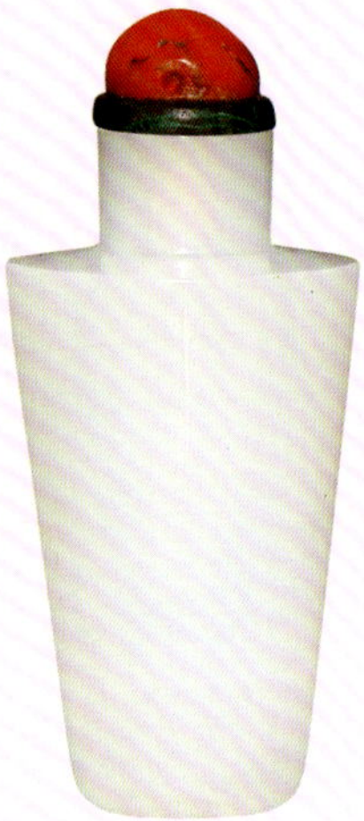

仿玉白色玻璃锥形鼻烟壶

Awl-shaped glass snuff bottle in jade white

年代：清中期
规格：高 5.5cm

圆锥形，直口平肩，圆形圈足，通体为不透明玉白色玻璃。壶身光素无纹。

此壶用玻璃仿玉，几可乱真，达到了羊脂白玉般的色泽和温润细腻的质感。用玻璃仿白玉是中国玻璃工艺一直乐此不疲的追求，康雍乾三朝更是延续了这种传统审美。

藕粉色玻璃瓜棱鼻烟壶

Melon ridged glass snuff bottle in heather pink

年代：清中期
规格：高 5.5cm

瓜棱瓶形，唇口溜肩，海棠形圈足，通体为淡粉色不透明玻璃，四瓣瓜棱，肩部有变体回纹与乳丁纹装饰。

壶身为淡粉色，是在白色玻璃上敷一层粉色，有一种白里透粉的感觉。

此壶与故宫博物院一件带“乾隆年制”款玉烟壶器形纹式完全相同。

辣椒红玻璃摇铃尊形鼻烟壶

Handle-bell-shaped glass snuff bottle in chili red

年代：清中期
规格：高 4.5cm

摇铃尊形，长颈直口溜肩，圆形圈足，通体为辣椒红色不透明玻璃，壶身光素无纹。此壶小巧别致，全身光素，不着一丝雕刻，全靠形与色取胜，多一分则太多，少一分则太缺。安静，浓烈，优雅，这是单色玻璃的最高境界。

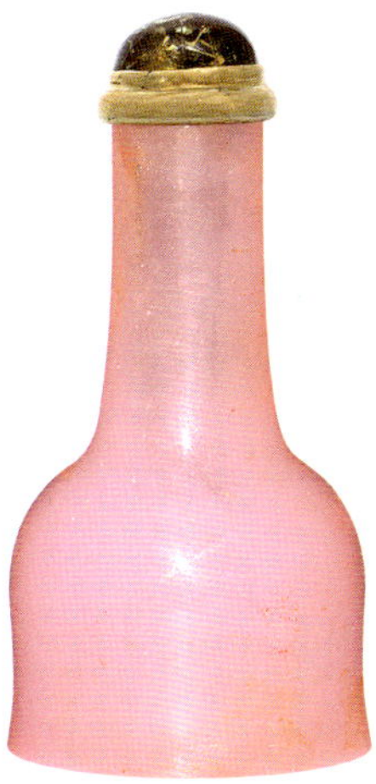

藕粉色玻璃摇铃尊形鼻烟壶

Handle-bell-shaped glass snuff bottle in heather pink

年代：清中期
规格：高 4.6cm

摇铃尊形，撇口溜肩，圆形平底，通体为藕粉色半透明玻璃，壶身光素无纹。摇铃尊因细颈小口，丰肩敛腹，形似摇铃而得名。此壶以优雅的造型、娇艳的色泽取胜。

柠檬黄玻璃摇铃尊形鼻烟壶

Handle-bell-shaped glass snuff bottle in lemon yellow

年代：清中期
规格：高 5.6cm

摇铃尊形，撇口溜肩，圆形圈足，通体为柠檬黄色玻璃，壶身光素无纹。
柠檬黄釉是宫中最为尊贵的一道色彩，深得帝王宠爱。

浅豆绿色玻璃双联鼻烟壶

Conjoined glass snuff bottle in light pea green

年代：清中期
规格：高 4.5cm

扁瓶形，撇口溜肩，椭圆形圈足，通体为豆绿色不透明玻璃，壶身光素无纹。此壶由两个鼻烟壶互相叠加组成。

双联壶也叫合欢壶，是两个烟壶合二为一，可以分装不同的鼻烟，既实用，又寓意合家幸福。合欢式设计在乾隆时期最多。

海蓝宝色玻璃双联鼻烟壶

Conjoined glass snuff bottle in aquamarine color

年代：清中期
规格：高 4.5cm

扁壶形，撇口溜肩，椭圆形内凹底。通体为海蓝宝色透明玻璃，壶身光素，由两个相同的壶相联而成。

此壶由两个大小、形制相同的鼻烟壶叠加组成，可以盛放不同味道的鼻烟。双联鼻烟壶由于实用功能强大，受到大家的喜爱。

山楂红玻璃磨棱双联鼻烟壶

Conjoined ridged glass snuff bottle in hawthorn red

年代：清中期
规格：高 12cm

圆柱形，通体为山楂红色玻璃。壶身一分为二，有两个独立的储存空间，表面呈条状磨棱，折肩处有斜切面，两端为壶口，子母盖，外层铜鎏金錾花壶盖，内里为碧玺小盖。

双联壶在乾隆朝比较流行，可以分装不同味道的鼻烟。此壶用宝石切割打磨工艺制成，配以精美的壶盖，既高端又时尚。

雄黄色玻璃螭龙衔环纹鼻烟壶

Glass snuff bottle in realgar yellow with the pattern of a hornless dragon holding a ring in mouth

年代：清早期
规格：高 7.5cm

胆瓶形，直口溜肩，椭圆形圈足，通体为不透明雄黄色玻璃，肩部两侧浮雕铺首纹，壶身两条衔环螭龙缠绕。

此壶器形周正饱满，螭龙雕刻生动逼真，壶身色泽艳丽多变，主黄色调，带有明显的猩红色斑和大面积绿色斑，表面有开裂纹，这是早期的雄黄玻璃器才会出现的现象。雄黄绿是一种非常罕见的颜色，像极了青铜表面的绿锈，有一种特别的美，这种色彩可能源自铜。带绿的雄黄料器物非常少见，不知是技术不成熟还是技术难度太大的原因，清晚期雄黄料基本不带绿。雄黄料玻璃见到的实物最早是雍正时期的，此壶的形、色、雕刻工艺都符合早期特征。

第二章 玻璃器

Glass

其他玻璃

OTHER GLASSES

绿色洒金星玻璃鼻烟壶

Glass snuff bottle in golden-sparkling green

年代：清乾隆
款识：乾隆年制
规格：高 4.6cm

圆瓶形，撇口溜肩，圆形圈足，通体为不透明洒金星绿地玻璃，壶身布满大大小小的金星。底部阴刻“乾隆年制”楷书款。

绿地洒金星玻璃是乾隆朝独有的玻璃品种，传世品极少，故特别珍贵。此鼻烟壶是一种复色玻璃，在两种玻璃中间捺压金星斑点，从而呈现绚丽的效果。

亮黄色金星玻璃葫芦形鼻烟壶

Gourd-shaped aventurine glass snuff bottle in bright yellow

年代：清乾隆
规格：高 5.5cm

葫芦形，撇口溜肩，圆形圈足，通体为亮黄色金星透明玻璃，壶身光素无纹。

金星玻璃为乾隆朝所独有，是名贵玻璃品种，非常珍稀，黄金星更是少见。

黑色洒金星玻璃鼻烟壶

Aventurine glass snuff bottle in black

年代：清乾隆
款识：乾隆年制
规格：高 5.0cm

扁圆形，直口溜肩，椭圆形圈足，通体为不透明洒金星玻璃，壶身光素无纹，壶底“乾隆年制”刻款。洒金星玻璃是名贵品种，数量不多。

黑色洒金星玻璃鼻烟壶

Aventurine glass snuff bottle in black

年代：清乾隆
规格：高 4.7cm

扁瓶形，直口溜肩，椭圆形圈足。通体黑色，其上点缀大小不一的金色亮片，具有独特的艺术效果。

洒金点彩玻璃鼻烟壶

Glass snuff bottle in golden-sparkling colored-dots

年代：清乾隆
规格：高 4.8cm

扁瓶形，直口溜肩，椭圆形圈足。通体黑绿色不规则自然纹理，其间点缀金星，光彩熠熠。

搅胎玻璃几何磨面鼻烟壶

Marbled glass snuff bottle with geometric polygonal surfaces

年代：清乾隆
规格：高 4.6cm

扁瓶形，直口溜肩，棱形平底。通体为不透明搅胎玻璃。壶身为多面不规则棱形切割打磨。

此壶如天然大理石般的肌理在搅胎中不可多见，令人耳目一新。

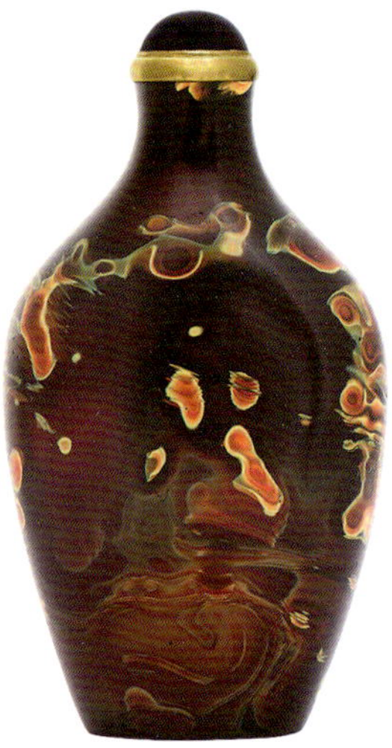

雄黄搅胎玻璃
鼻烟壶

Marbled glass snuff bottle in realgar yellow

年代：清乾隆
规格：高 6.7cm

扁瓶形，撇口溜肩，椭圆形平底，通体为不透明雄黄搅玻璃。壶身由几种颜色搅制而成，形成不规则的自然纹理。此壶制作工艺精湛，是搅色玻璃中的上乘之作。

绿色搅胎玻璃
鼻烟壶

Marbled glass snuff bottle in green

年代：清乾隆
规格：高 4.2cm

圆瓶形，撇口溜肩，圆形圈足。通体为半透明搅胎玻璃，壶身光素无纹。

搅胎玻璃是乾隆时期的一种创新玻璃工艺，制作工艺比较复杂，属于珍贵玻璃品种。此壶器形优雅，颜色亮丽，是搅胎玻璃中的精品。

透明料点彩玻璃鼻烟壶

Dot-colored transparent glass snuff bottle

年代：清中期
规格：高 4.9cm

扁瓶形，撇口溜肩，椭圆形平足。壶身透明玻璃上有黑、蓝、白、红等几种颜色做斑点状装饰，故称点彩玻璃。

点彩玻璃鼻烟壶

Dot-colored glass snuff bottle

年代：清中期
规格：高 8.7cm

扁长形，直口溜肩，椭圆形平足。壶身涅白地上作孔雀羽毛状斑纹，非常优雅。

贴塑蝴蝶花卉玻璃鼻烟壶

Glass snuff bottle with the veneered pattern of butterflies and flowers

年代：清乾隆
规格：高 5.5cm

扁瓶形，直口溜肩，椭圆形内凹底。通体为蓝色透明玻璃，壶体表面布满不规则开片，有不同颜色折枝花卉与蝴蝶的玻璃贴塑。贴塑玻璃器在宫廷玻璃中是小众品种，这种工艺的玻璃器物非常少见，是宫廷玻璃繁荣发展的见证。

涅白地套红料云龙纹鼻烟壶

Opaque white ground overlaid with red glass snuff bottle with the pattern of a dragon in clouds

年代：清中期
规格：高 6.6cm

圆瓶形，直口溜肩，椭圆形圈足，通体为涅白不透明套红玻璃制成，壶身刻一条行龙游走于云端。

此壶颈部、肩部饰蕉叶纹，壶身浮雕海水云龙纹，龙身绕壶一周，海水云龙纹极富动感。

雪霏地套红料螭龙纹鼻烟壶

Snow-covered ground overlaid with red glass snuff bottle with the pattern of a hornless dragon

年代：清中期
规格：高 6.7cm

扁瓶形，直口溜肩，椭圆形圈足，透明玻璃上套红色，一条螭龙盘绕壶身。

此壶雕刻流畅，形象生动。

雪霏地套红料仙人指路鼻烟壶

Snow-covered ground overlaid with red glass snuff bottle with the pattern of an immortal is directing the way

年代：清中期
规格：高 7.1cm

扁瓶形，撇口溜肩，椭圆形圈足。通体为雪霏地半透明套红玻璃。此壶一面雕仙人指路图，另一面雕访友图，巧妙地把海水、山石、松树、人物融合在一起，形成完整的故事画面。

透明地套红料兰花纹鼻烟壶

Transparent ground overlaid with red glass snuff bottle with the pattern of orchids

年代：清中期
规格：高 7.3cm

扁瓶形，直口溜肩，椭圆形圈足，通体为透明地套红玻璃。壶身一面雕蝴蝶兰花，另一面雕山石兰花。

雪霏地套红料花卉图鼻烟壶

Snow-covered ground overlaid with red glass snuff bottle with the pattern of flowers

年代：清中期
规格：高 6.6cm

扁瓶形，直口溜肩，椭圆形圈足，通体为雪霏地半透明套红玻璃。壶身两面雕缠枝花卉。

雪霏地套红料铺首纹鼻烟壶

Snow-covered ground overlaid with red glass snuff bottle with the pattern of knocker-holders

年代：清中期
规格：高 6.2cm

扁瓶形，撇口溜肩，椭圆形圈足，通体为雪霏地半透明套红玻璃，壶身两侧雕铺首纹，正反两面雕椭圆形。

白地套红料双鱼纹鼻烟壶

White ground overlaid with red glass snuff bottle with the pattern of double fish

年代：清中期
规格：高 6.0cm

扁瓶形，直口溜肩，椭圆形圈足，通体为白地套红玻璃。壶身两侧刻铺首纹，正反两面浮雕一游鱼。

天青地套蓝料双鱼纹鼻烟壶

Sky-blue ground overlaid with blue glass snuff bottle with the pattern of double fish

年代：清中期
规格：高 5.8cm

扁瓶形，唇口溜肩，椭圆形圈足，通体为天青地套深蓝色玻璃。壶身两侧浮雕铺首纹，正反两面浮雕一游鱼。

套料以白套红为多，这种用同色系为套料的不多。

珍珠地套红料荷塘景色纹鼻烟壶

Pearl-dotted ground overlaid with red glass snuff bottle with the pattern of scenery of lotus pond

年代：清中期
规格：高 5.6cm

扁瓶形，直口溜肩，椭圆形圈足，通体为珍珠地套红玻璃，壶身刻荷塘景色，一只青蛙于荷叶下嬉戏，意境生动。

珍珠地套红料荷塘鱼乐纹鼻烟壶

Pearl-dotted ground overlaid with red glass snuff bottle with the pattern of fish playing in lotus pond

年代：清中期
规格：高 6.0cm

扁瓶形，直口溜肩，椭圆形圈足，通体为珍珠地套红玻璃，壶身雕刻荷塘之中一条大鲤鱼跃出水面。此壶线条柔韧飘逸，静中有动，料工相宜。

黄地套红料
鼻烟壶

Yellow ground overlaid
with red glass snuff bottle

年代：清中期
规格：高 5.2cm

扁瓶形，撇口溜肩，椭圆形圈足。黄色不透明玻璃套红色，壶身通景刻山石、树木、小桥人家。

套料以白地、珍珠地为多黄地套料少见。

深蓝地套白料清供图纹鼻烟壶

Dark blue ground overlaid with white glass snuff bottle with the pattern of antiques

年代：清中期
规格：高 6.0cm

扁瓶形，直口溜肩，椭圆形圈足，蓝地不透明玻璃上套白色图案，壶身两侧雕两个不同的炉，正反两面亦雕不同炉鼎。

此壶蓝白相间，色彩鲜明，赏心悦目。

涅白地套绿料缠枝瓜果纹鼻烟壶

Opaque white ground overlaid with green glass snuff bottle with the pattern of melons and fruits with entangled branches

年代：清中期
规格：高 5.7cm

扁瓶形，直口溜肩，椭圆形圈足，通体为白地套绿色玻璃。壶身雕折枝瓜果、蝴蝶纹。

雪霏地套蓝料缠枝葡萄纹鼻烟壶

Snow-covered ground overlaid with blue glass snuff bottle with the pattern of grapes with entangled branches

年代：清中期
规格：高 6.5cm

扁瓶形，直口溜肩，椭圆形圈足，通体为雪霏地套深蓝色玻璃。壶身刻藤蔓、葡萄及洞石。

白地套红料猴子
葡萄纹鼻烟壶

White ground overlaid with red glass snuff bottle with the pattern of monkeys and grapes

年代：清晚期
规格：高 5.1cm

珍珠地套红料
文房清供鼻烟壶

Pearl-dotted ground overlaid with red glass snuff bottle with the pattern of stationeries and bibelots in ancient study

年代：清中期
规格：高 5.5cm

雪霏地套红料
松鹿纹鼻烟壶

Snow-covered ground overlaid with red glass snuff bottle with the pattern of pines and deers

年代：清中期
规格：高 5.4cm

雪霏地套蓝料螭龙螭凤纹鼻烟壶

Snow-covered ground overlaid with blue glass snuff bottle with the pattern of a hornless dragon and a phoenix

年代：清中期
规格：高 7.0cm

扁瓶形，直口溜肩，椭圆形底。通体透明雪霏地玻璃上套蓝料，壶身正反两面浮雕螭龙螭凤，寓意龙凤呈祥。

涅白地套蓝料水仙纹鼻烟壶

Opaque white ground overlaid with blue glass snuff bottle with pattern of narcissus

年代：清中期
规格：高 6.3cm

瓶形，撇口溜肩，椭圆形底，通体涅白地玻璃上套蓝料，壶身环饰山石水仙纹。

白地套红料松竹纹鼻烟壶

White ground overlaid with red glass snuff bottle with the pattern of pines and bamboos

年代：清中期
规格：高 6.5cm

瓶形，撇口溜肩，椭圆形底，通体白地上套红料，壶身刻一株松树、几枝竹叶。松竹长青图是古代文人喜爱的纹饰，寓意品格高尚。

御制羊脂白玉洒金皮天狗纹随形鼻烟壶

Imperial gold-sparkling mutton-fat white jade snuff bottle with the pattern of a heavenly hound

年代：清道光
款识：慎德堂
规格：高 6.3cm

此烟壶取上等羊脂白玉籽料制成，椭圆形、圆口，玉质温润光洁。整体依籽料原形加工而成，全身洒金皮，按“良玉不琢”的原则，此烟壶仅在下部巧雕一天狗，身形灵动，颇为精彩。取天然红珊瑚为盖，整体设计巧妙，底款刻“慎德堂”。“慎德堂”为圆明园内的一组建筑，是道光皇帝在圆明园内的一处生活行宫，晚年主要生活在此。“慎德堂”楷书款是道光时期出现的新堂款。道光时期，内廷器物制作衰落，玉质烟壶制品减少，这件烟壶虽然是取自随形玉料，但大小、形状、玉质几近完美，而且包浆浑厚，应是长期使用所致，当是道光皇帝的心爱之物，故此烟壶尤为珍贵。

白玉留皮巧雕人物御赏鼻烟壶

Crust-retained white jade snuff bottle with ingeniously carved pattern of figures as an imperial reward

年代：清嘉庆
款识：嘉庆御赏
规格：高 7.3cm

此件白玉留皮人物烟壶，选用整块随形籽料制作而成，形状扁平椭圆，底部刻“嘉庆御赏”。白玉质地坚实细腻，玉表光泽通透莹润，光亮含蓄，人物画面以色皮为依，据其形雕琢各色人物造型，一对侠客手中持剑，相互比试，二人构图对角而立，极具美感。背面山石前后相连，使两面呈连贯场景，其上浅浮雕二三修竹，呈现一派清幽淡雅之气。烟壶盖以珊瑚制成，其形体现出清代宫廷雕刻风格，并带有御赏年款，实为难得。

和合

白玉巧雕和合二仙太极纹鼻烟壶

White jade snuff bottle with ingeniously carved pattern of Twin-genii He-he and Taiji

年代：清中期
规格：高 4.0cm

此鼻烟壶由一块随形羊脂白玉籽料巧雕而成，颈部雕一圈如意云纹，壶身两侧利用红皮巧雕和合二仙，二仙面部祥和，略带微笑，刻画传神。正反两面，一面在云纹太极图上刻一“福”字，另一面刻“和合”二字，下部一圈仰莲纹，椭圆形内凹底。

和合二仙是民间最受欢迎的题材之一，寓意夫妻和睦、幸福美满。此壶盈手可握，小巧精致，掏膛极精，是玉壶中的杰作。

白玉御题秋海棠扁瓶形鼻烟壶

Flat-style white jade snuff bottle
with an imperial poem on begonia

年代：清乾隆
规格：高 6.0cm

扁圆瓶形，短颈，撇口溜肩，椭圆形卧足。烟壶以白玉掏膛琢成，壶身表面一角阴刻一枝海棠花，背面浅刻填金乾隆《御题秋海棠》诗。

清宫御用物品铭刻御制诗文的，级别相对比较高，只有皇帝极为喜爱的精品才能荣膺御题，并由清宫造办处镌刻在该器物上。

碧玉御题梅花扁瓶形鼻烟壶

Flat-style jasper snuff bottle with an imperial poem on plum blossom

年代：清乾隆
规格：高 5.5cm

鼻烟壶呈扁瓶形，短颈，撇口，椭圆形卧足，壶以上等和田碧玉制成。壶身一面刻有《御题梅花诗》“贞姿宜雪后，芳信报春前，澧皋将洛浦，可以结忘年”，字体刻工流畅；背面刻梅花一株，亭亭玉立，仿佛傲雪迎风。

御题诗画的鼻烟壶，是乾隆皇帝的偏爱，必是佳品。

白玉瓜棱兽面纹
鼻烟壶

Melon ridged white jade snuff bottle
with the pattern of beast face

年代：清中期
规格：高 5.1cm

海棠瓜棱形，溜肩，直口，海棠形底足。壶身由八瓣瓜棱组成海棠形，浮雕仿古兽面纹。

此壶最特别之处，在于用特殊工艺处理白玉，使玉料有种陈旧感，配上仿古的兽面图腾，就如同一件年代久远的器物。

乾隆皇帝酷爱仿古，在同时期很多器物上都能找到案例，这件鼻烟壶就是其中一例。

白玉浮雕螭龙献寿纹鼻烟壶

White jade snuff bottle with the embossed pattern of hornless dragons celebrating longevity

年代：清中期
规格：高 7.5cm

扁瓶形，直口溜肩，椭圆形圈足，壶身正反两面浮雕两条螭龙抱寿。此壶玉质温润，浅浮雕两条如意螭龙合抱“寿”字，寓意吉祥长寿。

白玉浮雕双狮纹
鼻烟壶

White jade snuff bottle with the embossed pattern of double lions

年代：清中期
规格：高 5.5cm

扁瓶形，直口溜肩，椭圆形圈足，一面光素，另一面浮雕两只狮子在戏绣球。此壶玉质洁白细腻，寓意美好。

黄玉巧雕五老图鼻烟壶

Yellow jade snuff bottle with the ingeniously carved pattern of five senior scholars

年代：清中期
规格：高 4.8cm

扁瓶形，直口溜肩，椭圆形圈足。壶以和田黄玉掏成，此壶保留了玉料的红皮，巧雕两位高士于松下对弈，一位高士在旁观战，津津有味，远处又有二高士观景，一轮红日从水面升起。

此壶构图饱满，人物表情各不相同，神态生动传神，画面意境优美，呈现出一派古雅、高贵的风格。

黄玉带皮巧雕福寿纹鼻烟壶

Crust-retained yellow jade snuff bottle with the ingeniously carved pattern symbolizes fortune and longevity

年代：清中期
款识：莫氏省觥
规格：高 5.8cm

扁瓶形，直口溜肩，椭圆形圈足，底部刻款“莫氏省觥”。壶身用一块黄玉掏成，一面光素，另一面利用褐红色玉皮巧雕一老寿星，既避免了单调雷同，又增强了整体的装饰效果，寓意吉祥长寿。

黄玉带皮光素鼻烟壶

Crust-retained yellow jade snuff bottle

年代：清晚期
规格：高 6.2cm

扁瓶形，直口溜肩，椭圆形平底。整体器形圆中带方，丰肩饱满，厚实端庄，壶身以上等黄玉为质，玉质细腻油润，其周身光素无纹，未作雕饰，仅有一面留天然红色玉皮，形成天然的美感。

黄玉扁瓶光素鼻烟壶

Flat-style undecorated yellow jade snuff bottle

年代：清晚期
规格：高 5.3cm

扁瓶形，直口溜肩，椭圆形圈足。黄玉表面光素，纯以玉材本身天然柔美质感取胜，抚之温润绵滑。相对于白玉，黄玉一直产出极少，颇为珍贵，极受世人青睐。

白玉磨棱
鼻烟壶

White jade snuff bottle with ridges

年代：清中期
规格：高 4.1cm

鼓腹圆形，直口平肩，椭圆形圈足。白玉质，壶身由不规则几何方形切割而成。

此壶的造型受玻璃器的影响。

白玉方瓶形
鼻烟壶

Square-shaped white jade snuff bottle

年代：清中期
规格：高 5.7cm

扁方瓶形，直口溜肩，卧足。壶身以和田青白玉精琢而成，质地温润，双面阳雕文字，打磨精细，雅致文静。

青玉喜抱平安
鼻烟壶

Gray jade snuff bottle with the pattern symbolizes embracing peace joyfully

年代：清中期
规格：高 4.2cm

瓶形，唇口溜肩，椭圆形内凹底。青玉质，壶身圆瓶形，瓶上浮雕一只小鸟，边上立体雕一孩童手扶瓶身，面露微笑，憨态可掬。

抱瓶童子是清代常用装饰纹饰，在瓷器玉器上使用甚广，深受大家喜爱，有永保平安的美好寓意。

白玉茄形鼻烟壶

Eggplant-shaped white jade snuff bottle

年代：清中期
规格：高 6.5cm

仿生茄形，由白玉打磨成茄形，口沿处有由碧玉雕刻而成的蒂，使仿生茄子惟妙惟肖。此种造型清宫旧藏有同款。

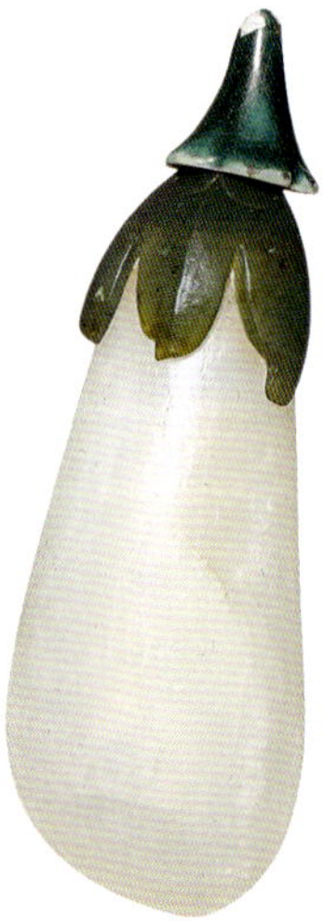

白玉茄形鼻烟壶

Eggplant-shaped white jade snuff bottle

年代：清晚期
规格：高 5.8cm

白玉菊石纹
鼻烟壶

White jade snuff bottle with the pattern of chrysanthemum and stones

年代：清中期
规格：高 4.9cm

扁壶形，唇口溜肩，卧足，壶身两面薄意阴刻菊石图。

此壶玉质相对疏松，壶身有一道玉绺被巧妙地雕成山石，尽显制作者的匠心。

白玉铺首纹
鼻烟壶

White jade snuff bottle with the pattern of knocker-holders

年代：清中期
规格：高 5.7cm

扁瓶形，撇口溜肩，椭圆形圈足。壶身两侧浮雕铺首纹，正反两面光素。

此壶大小适中，造型简洁干练，以温润的玉质取胜。

翡翠螭龙纹
鼻烟壶

Jadeite snuff bottle with the pattern of a hornless dragon

年代：清晚期
规格：高 5.3cm

扁圆形，直口溜肩，平足。壶身一面粉白色，光素，另一面为艳丽的红色，上面浮雕螭龙纹。

此壶以红翡为主色调。红色为翡，绿色为翠，翡翠以绿色为常见，这么大块的红翡非常少见。

翡翠果蔬纹
鼻烟壶

Jadeite snuff bottle with the pattern of fruits and vegetables

年代：清晚期
规格：高 5.1cm

扁瓶形，撇口溜肩，卧足。壶身翠绿，满雕果蔬纹。翡翠壶以素为主，如此壶般刻工繁复的不多见。

翡翠布袋和尚纹
鼻烟壶

Jadeite snuff bottle with the pattern of the hop-pocket monk

年代：清晚期
规格：高 5.8cm

长圆形，直口溜肩，椭圆形圈足，壶身一面光素，另一面浮雕一布袋和尚。和尚肩背布袋，笑意盈盈，寓意和气生财。

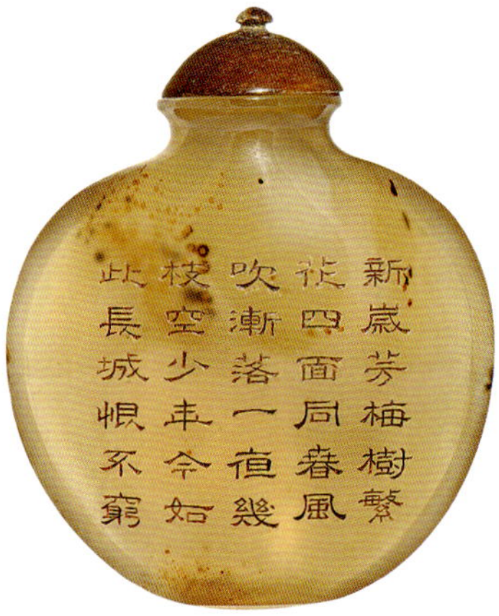

玛瑙御题梅花
扁瓶式鼻烟壶

Flat-style agate snuff bottle with an imperial poem on plum blossom

年代：清乾隆
款识：乾隆年制
规格：高 5.0cm

扁壶形，撇口溜肩，椭圆形平底。壶身一面浅刻满树梅花、飞鸟、山石。并巧妙地将玛瑙上的斑点刻成一朵朵盛开的梅花，恰如一幅花鸟画。另一面隶书御题诗《梅花落》，刻画工整，笔力遒劲。底面玛瑙上天然的斑点更给人以落英缤纷的感觉，极具诗情画意。底部刻篆书款“乾隆年制”。

乾隆御题扁壶在玉壶中较为常用，但在玛瑙壶类当中少之又少。如此诗书画形俱佳的鼻烟壶，非乾隆朝精品莫属。

新歲芳梅樹繁
花四面同春風
吹漸落一夜幾
枝空少年今如
此長城恨不窮

玛瑙浮雕仿古龙纹鼻烟壶

Agate snuff bottle
with the embossed archaistic pattern

年代：清中期
规格：高 5.5cm

扁瓶形，撇口溜肩，绳纹圈足。此壶为浅灰色玛瑙质地，颈肩部饰蕉叶纹，壶体上下有四道绳纹，壶体中间饰四组仿古龙纹，近底部有一圈仰莲纹。此壶轻薄透明，掏膛极为讲究，其颈部蕉叶纹的运用亦为宫廷纹饰特征之一。

玛瑙八棱几何磨面鼻烟壶

Agate snuff bottle with eight ridges and the geometric pattern

年代：清中期
规格：高 3.8cm

扁瓶形，直口平肩，长方形平底。此壶为乳白色，有玛瑙肌理，壶身打磨成几何棱面。

此壶小巧精致，几何八棱的造型在玻璃器中比较常用，在玛瑙中非常罕见。由于玛瑙质地硬脆，这类器型的制作难度非常大。

蛋形指纹玛瑙鼻烟壶

Egg-shaped agate snuff bottle with the pattern likes finger prints

年代：清中期
规格：高 3.9cm

蛋形，烟壶由一块随形玛瑙掏成，表面光素。天然的旋涡指纹肌理让人惊叹大自然的鬼斧神工，小巧可爱的造型令人爱不释手。

随形影子玛瑙蟾纹鼻烟壶

Original-shape-followed shadow agate snuff bottle with the pattern of a toad

年代：清中期
规格：高 5.9cm

椭圆形，烟壶由一块随形玛瑙掏成，表面光素。自然的玛瑙肌理纹好似一只蟾蜍隐入其中。

随形俏色多彩玛瑙鼻烟壶

Original-shape-followed and ingeniously colored agate snuff bottle

年代：清中期
规格：高 4.2cm

玛瑙双鱼
鼻烟壶

Double fish-shaped agate
snuff bottle

年代：清中期
规格：高 5.6cm

双鱼形，此壶由红白相间的玛瑙掏膛而成。外形雕刻成两条鱼，鱼尾相交，鱼身鱼眼线条刻画生动。双联的鱼形，既实用又可爱。

玛瑙俏色荷塘人物鼻烟壶

Agate snuff bottle with the ingeniously colored pattern of figures in a lotus pond

年代：清中期
规格：高 5.5cm

扁壶形，直口溜肩，椭圆形卧足，壶身一面巧雕荷叶莲蓬，另一面浮雕人物荷塘花鸟。

此壶手感很轻，膛壁非常薄，是传说中的水上漂壶。

玛瑙刻钟馗捉妖鼻烟壶

Agate snuff bottle with the engraved pattern of Zhong Kui catching a demon

年代：清中期
规格：高 6.0cm

扁壶形，直口溜肩，椭圆形圈足，壶身一面光素，一面利用玛瑙巧色浮雕钟馗捉妖图。
此壶巧妙利用玛瑙不同的皮色，达到极高的巧雕艺术效果。

玛瑙刻仙人对弈图鼻烟壶

Agate snuff bottle with the engraved pattern of immortals playing chess

年代：清中期
规格：高 6.0cm

扁壶形，直口溜肩，椭圆形圈足，壶身一面光素，另一面利用玛瑙巧雕两位老者坐于松树下对弈，仿佛置身世外桃源。

玛瑙巧雕牧马图
鼻烟壶

Agate snuff bottle with the ingeniously carved pattern of pasturing horses

年代：清中期
规格：高 6.3cm

扁瓶形，直口溜肩，椭圆形圈足，壶身一面巧雕仙鹤，老者于松石下牧马，另一面巧雕一猴子骑于马背上，寓意延年益寿、马上封侯。

此壶掏膛讲究，意境独到，寓意吉祥。

玛瑙巧雕鹰熊斗智图鼻烟壶

Agate snuff bottle with the ingeniously carved pattern of a fight between an eagle and bear

年代：清中期
规格：高 5.5cm

扁瓶形，直口溜肩，椭圆形圈足。此壶利用玛瑙天然的皮色巧雕一轮明月，月光之下一鹰一熊相互对视。壶身另一面巧雕荷塘景色，一只蝴蝶在盛开的荷花间飞舞，荷叶下两只青蛙悠然自得。

此壶刻工精湛，构思巧妙，画面因势而作，自然清新，壶身小巧精致，盈手一握，典型的苏作工艺。古人将寓意深刻的教化与心爱之物完美结合，值得细细品味。

玛瑙巧雕松鹤延年鼻烟壶

Agate snuff bottle with the ingeniously carved pattern of a pine and a crane which symbolizes longevity

年代：清中期
规格：高 5.6cm

扁瓶形，直口溜肩，椭圆形卧足。此壶一面光素，另一面巧雕一老者坐于松树下，边上一仙鹤口衔灵芝，寓意松鹤延年。

此壶掏膛极为出色，手感很轻。

玛瑙俏色扁圆形鼻烟壶

Flat-round-shaped and ingeniously colored agate snuff bottle

年代：清中期
规格：高 5.7cm

扁瓶形，直口溜肩，椭圆形卧足，壶身光素，自然的玛瑙俏色肌理。

此壶圆润轻薄，掏膛讲究。

玛瑙俏色
鼻烟壶

Ingeniously colored
agate snuff bottle

年代：清晚期
规格：高 6.0cm

扁瓶形，直口溜肩，椭圆形圈足，冰糖玛瑙的肌理中带一点俏色。

玛瑙俏色铺首纹
鼻烟壶

Agate snuff bottle
with the ingeniously colored pattern
of knocker-holders

年代：清晚期
规格：高 5.2cm

扁壶形，直口溜肩，椭圆形圈足。烟壶两侧浮雕铺首纹，正反两面光素。

此壶黑白相映，如火焰般的黑色玛瑙的自然肌理，配以简洁的造型，既简单又不失生动。

玛瑙巧雕菊花纹鼻烟壶

Agate snuff bottle with the ingeniously carved chrysanthemum pattern

年代：清中期
规格：高 6.2cm

扁圆壶形，直口溜肩，椭圆形圈足。壶身利用玛瑙天然的肌理，一面巧雕一株盛开的菊花，另一面则雕渔翁垂钓图。

此壶饱满圆润，但手感很轻，掏膛极为轻薄。

玛瑙巧雕母鸡图鼻烟壶

Agate snuff bottle with the ingeniously carved pattern of a hen

年代：清中期
规格：高 6.4cm

扁瓶形，直口溜肩，椭圆形圈足。单面巧雕飞蝶、母鸡、鸡冠花，寓意仕途顺利、官上加官。

玛瑙巧雕垂钓图鼻烟壶

Agate snuff bottle with the ingeniously carved pattern of fishing

年代：清中期
规格：高 6.7cm

扁瓶形，撇口溜肩，椭圆形圈足，一面巧雕一老者垂钓图，另一面雕老者、猫、蝙蝠，寓意福寿双全。

冰糖玛瑙光素鼻烟壶

Undecorated rock-candy-like agate snuff bottle

年代：清中期
规格：高 5.3cm

冰糖玛瑙铺首纹鼻烟壶

Rock-candy-like agate snuff bottle with the pattern of knocker-holders

年代：清中期
规格：高 5.7cm

冰糖玛瑙铺首纹鼻烟壶

Rock-candy-like agate snuff bottle with the pattern of knocker-holders

年代：清中期
规格：高 6.1cm

玛瑙铺首纹
鼻烟壶

Agate snuff bottle
with the pattern of knocker-holders

年代：清晚期
规格：高 5.7cm

玛瑙俏色光素
鼻烟壶

Ingeniously colored and
undecorated agate snuff bottle

年代：清晚期
规格：高 5.0cm

玛瑙俏色铺首纹
鼻烟壶

Agate snuff bottle with the ingeniously colored
pattern of knocker-holders

年代：清晚期
规格：高 6.3cm

水晶菊瓣纹
鼻烟壶

Crystal snuff bottle with the pattern of chrysanthemum petals

年代：清中期
规格：高 5.4cm

扁瓶形，撇口溜肩。通体为白色透明水晶，整壶雕刻菊瓣纹。

此水晶壶晶莹剔透，没有一点杂质，壶身两面雕刻开放的菊瓣纹，从里至外雕刻四层菊瓣，呈放射形排列，一重比一重多，一重比一重大，层次分明，纹丝不乱，壶中央为花蕊，以纵横交叉的细网格纹表示，仿佛一朵花期正盛的秋菊，显示出制作者高超的技艺与审美情趣。

水晶篾箕纹
鼻烟壶

Crystal snuff bottle with the pattern of wickerwork

年代：清晚期
规格：高 5.6cm

扁壶形，直口溜肩，平底。通体为透明水晶，雕刻成篾箕纹。水晶是无色透明的结晶石英，古称“水玉”或“水精”。

水晶菊石纹 鼻烟壶

Crystal snuff bottle with the pattern of chrysanthemum and stone

年代：清晚期
规格：高 6.2cm

扁壶形，撇口溜肩，椭圆形凹底。壶身一面刻花草山石，一孩童嬉戏于花丛中，花草过墙延伸至另一面，并刻有几组印款，好似一幅通景画。

水晶螭龙纹 鼻烟壶

Crystal snuff bottle with the pattern of hornless dragons

年代：清晚期
规格：高 6.0cm

扁壶形，撇口溜肩，卧足。壶身两面各浮雕两条螭龙。

水晶磨棱葫芦形鼻烟壶

Gourd-shaped crystal snuff bottle with ridges

年代：清中期
规格：高 6.1cm

扁葫芦形，撇口溜肩，棱形圈足。通体为透明水晶，表面光素。

此水晶壶体如冰块般纯净透亮，没有一丝杂质，立体葫芦形设计，如同宝石切割打磨，最大限度展现材质之美。

水晶鼓腹
鼻烟壶

Crystal drum-belly
snuff bottle

年代：清中期
规格：高 5.3cm

扁壶形，直口溜肩，椭圆形内凹底，白色透明水晶质，表面光素。

此壶纯净透亮，腹大壁薄，掏膛极为讲究。

水晶菊瓣纹
鼻烟壶

Crystal snuff bottle with the pattern
of chrysanthemum petals

年代：清中期
规格：高 5.9cm

瓶形，直口溜肩，圆形圈足，水晶材质。壶身刻菊瓣纹，上大下小，有如盛开的菊花。

水晶鹰熊斗智图鼻烟壶

Crystal snuff bottle with the pattern of a fight between an eagle and a bear

年代：清晚期
规格：高 5.7cm

扁瓶形，直口溜肩，椭圆形圈足。壶身一面刻小桥流水人家，另一面利用黄色巧雕一只可爱的小熊与鹰嬉戏。

发晶鼻烟壶

Hair crystal snuff bottle

年代：清晚期
规格：高 5.4cm

扁壶形，直口溜肩，椭圆形内凹底，表面光素。鼻烟壶为水晶质，通透晶体内含丝状物，犹如人的头发，故称“发晶”。

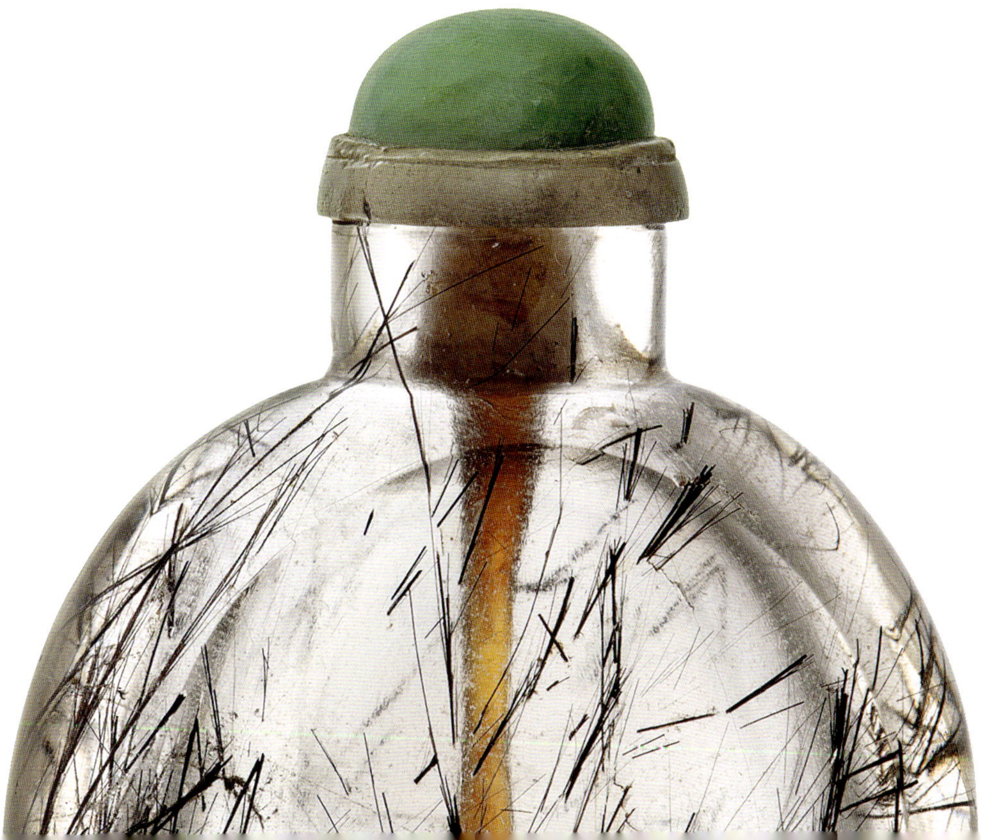

青金石嵌螺钿刻划描金鼻烟壶

Lapis lazuli snuff bottle with mother-of-pearl inlay and the carved landscape pattern in gold-gilded outlines

年代：清中期
规格：高 6.0cm

扁瓶形，直口溜肩，椭圆形圈足。青金石壶身，壶身两侧、颈部、底嵌螺钿。青金石刻划描金山水人物风景。此壶用料珍贵，工艺复杂，集镶嵌、雕刻、描金于一身。

青金石扁瓶形鼻烟壶

Flat-style lapis lazuli snuff bottle

年代：清中期
规格：高 5.9cm

扁瓶形，唇口溜肩，椭圆形内凹底，色青不透明，壶身光素。
青金石是一种蓝色矿石，颜色为深蓝色、紫蓝色、天蓝色、绿蓝色等，是天然蓝色颜料的主要原料。

青金石仿古纹鼻烟壶

Lapis lazuli snuff bottle with the archaistic pattern

年代：清中期
规格：高 5.8cm

扁瓶形，唇口溜肩，椭圆形圈足。此壶一体成型，满身高浮雕，两侧雕铺首纹，正反两面雕刻相同图案，刻有鼓钉纹、仰莲纹、绳纹、兽面纹、吉磬纹。此壶虽小，但雕工繁复，工艺精湛，典型宫作。

抱子石磨棱
鼻烟壶

Puddingstone snuff bottle
with ridges

年代：清中期
规格：高 5.3cm

扁壶形，撇口溜肩，长方形平底，壶身作八棱形，正反两面光素。此壶沉木色石质，奇幻多变的形状弥漫整体，意态自然，浑然天成。抱子石即砾岩，由沙砾及黑硅石胶接而成，外观奇趣，深受喜爱。

端石螭龙纹
鼻烟壶

Duan stone snuff bottle
with the pattern of hornless dragons

年代：清中期
规格：高 5.7cm

扁壶形，撇口溜肩，椭圆形圈足。此壶用绿端石雕成，壶身两侧浮雕铺首纹，正反两面浮雕两条变形螭龙。端石温润细腻，产自广东肇庆，作砚台用料出名。

寿山石诗文
鼻烟壶

Larderite snuff bottle
with engraved poem

年代：清晚期
规格：高 5.6cm

此壶由随形寿山冻石掏成，颜色艳丽，手感温润细腻，一面阴刻诗文，一面光素。诗文描述了赏玩此壶的心得，定是文人墨客赏玩佳品、心头至爱。

铜胎雕漆山水人物鼻烟壶

Copper body snuff bottle with the carved lacquer pattern of landscape and figures

年代：清中期
规格：高 5.3cm

扁瓶形，唇口溜肩，椭圆形铜平底，表面红色雕漆，雕刻通景山水人物。

此壶铜胎雕漆，属官造雕漆品种。在众多不同材质的官造鼻烟壶门类中，只有铜胎雕漆一个品类前后只生产了几十年，殊为难得。

元宝形铜胎簪花描金鼻烟壶

Ingot-shaped snuff bottle with the chiseled and gold-gilded pattern on copper body

年代：清晚期
规格：高 3.6cm

此壶以铜作胎，元宝形，壶身中间有三道横纹，周身有彩带式花纹，簪花描金。

银胎掐丝珐琅鼻烟壶

Cloisonne snuff bottle on silver body

年代：清晚期
规格：高 6.2cm

扁壶形，直口溜肩，椭圆形圈足。此壶颈部饰云纹，身上用圆点装饰，瓶腹开光，一面内饰兰花，一面内饰竹子。

此鼻烟壶以银为胎，整体掐丝粗细均匀流畅，纹饰刻画繁复，工艺精湛。

紫砂胎山水图
鼻烟壶

Purple cinnabar snuff bottle with the pattern of a landscape

年代：清乾隆
款识：乾隆
规格：高 6.0cm

扁壶形，直口溜肩，椭圆形圈足，底部署“乾隆”二字款。壶身紫砂质地，正面浮雕山水纹饰，几间房舍隐于山林中，远处河面宽阔，白帆点点。

此壶画工精湛，显示了文人画的情趣和追求。紫砂器不挂釉，而是充分利用砂泥本色，烧成后色泽温润，古雅可爱。

紫砂胎亭台楼阁人物图鼻烟壶

Snuff bottle with purple cinnabar body and the pattern of figures on terrace and pavilion

年代：清晚期
规格：高 5.9cm

扁壶形，直口溜肩，椭圆形内洼底足。壶身紫砂胎质，外面珐琅画亭台楼阁。紫砂胎珐琅源自康熙时期，早期紫砂胎珐琅彩器物，非常珍贵难得一见。这件应该是清代晚期作品。

紫檀木梅瓶
鼻烟壶

Plum-vase-shaped
red sandalwood snuff bottle

年代：清中期
规格：高 6.3cm

梅瓶形，此壶由一块紫檀木料整挖而成，肩上有一道旋纹，原配紫檀木盖。紫檀木稳重的色泽、独特的木纹肌理与触感令人爱不释手。

黄杨木梅瓶
鼻烟壶

Plum-vase-shaped
boxwood snuff bottle

年代：清晚期
规格：高 6.4cm

梅瓶形，唇口溜肩，旋纹底。鼻烟壶由整木掏成，表面光素，包浆红润。

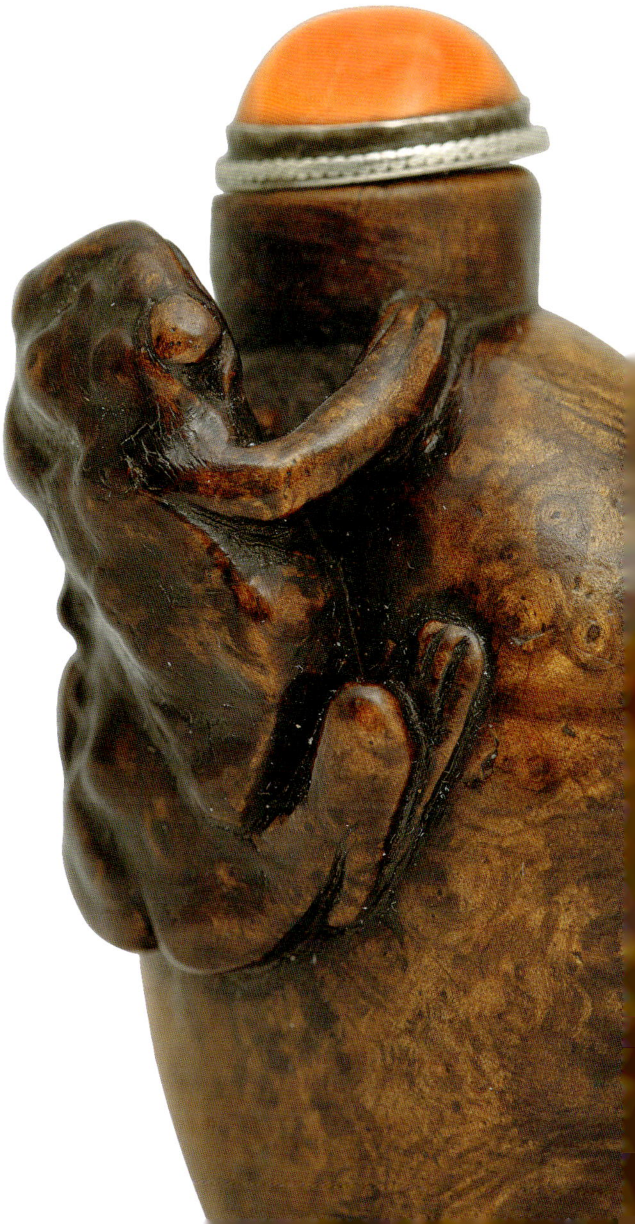

影木雕金蟾抱瓶鼻烟壶

Burl wood snuff bottle with a carved toad holding the bottle

年代：清中期
规格：高 5.6cm

扁瓶形，直口溜肩，椭圆形圈足。烟壶由一块整木掏成，壶身上半部巧雕一只金蟾。影子木天然的木纹肌理配上匠人的奇思巧作，使烟壶妙趣横生。

宫廷染色象牙海屋添筹
鼻烟壶

Dyed ivory snuff bottle with the scene of immortals which symbolizes longevity

年代：清乾隆
款识：乾隆年制
规格：高 9.6cm

扁瓶形，象牙胎，配有象牙盖，整壶用高浮雕、浅浮雕及镂空雕等多种手法雕刻通景人物故事，山海石树，云雾缭绕，海上仙山楼阁涌现，三位老者在松树下或坐或立，神态各异。整个壶身设计独特，雕刻精美，立体感十足。配上宫廷独有的象牙染色技术，给人一种富丽典雅的宫廷气象。海屋添筹的故事题材寓意福寿绵长、万寿无疆。

乾隆皇帝对于象牙雕刻工艺品颇有偏爱。这件鼻烟壶构思巧妙，造型优美，刻工圆润，纹饰清晰，细部处理极为精致，充分体现 18 世纪象牙雕刻工艺的高超水平。而且此壶个头偏大，应该是宫中为庆贺乾隆万寿节的生日礼品。

象牙孩童
鼻烟壶

Child-shaped
ivory snuff bottle

年代：清晚期
规格：高 8.8cm

此壶整体为一清代孩童人物造型，童子身材丰满，头大，脸胖，面露微笑，一身短衫长裤，憨态可掬。小孩的头顶有一孔作鼻烟壶的口，巧妙地用象牙匙作孩子的发髻，设计可谓匠心独具。

象牙烙画
鼻烟壶

Ivory snuff bottle
with the pyrography pattern

年代：清晚期
规格：高 7.4cm

扁椭圆形，此壶一面烙画古代人物故事，另一面刻“五清斋”三字。

烙画古称“火针刺绣”，近名“火笔画”，是中国古代一种特殊画种。烙画源于西汉，曾一度失传，直到清光绪三年（1877）才被重新发现、整理、传承。

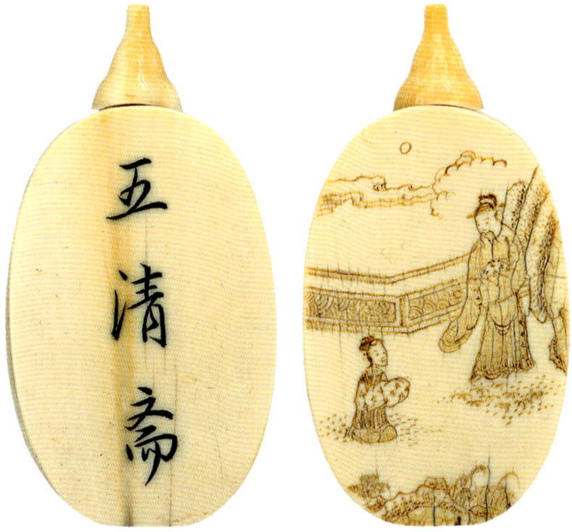

扁瓶形象牙人物
鼻烟壶

Flat-style ivory snuff bottle
with the pattern of figures

年代：清晚期
规格：高 8.7cm

扁方瓶形，撇口溜肩，长方形内凹底。长方形原配壶盖，肩部有圆形系孔。正反两面开光，浮雕人物故事。

琥珀瑞猴献寿鼻烟壶

Amber snuff bottle with the pattern of auspicious monkeys celebrating longevity

年代：清中期
规格：高 6.8cm

烟壶为琥珀质，半透明，枣红色，自然冰裂纹，高浮雕桃枝、佛手，几只神态各异的猴子或在树下嬉戏，或玩耍，或怀抱蟠桃攀爬于桃枝之上，环顾观望，似在一边偷桃，一边侧耳倾听四周动静，灵猴圆耳向后，贴于头两侧，脸部尖瘦，嘴部向前突出，眼眶向内微凹，圆眼，聚精会神，将灵猴之顽皮可爱刻画得惟妙惟肖。“猴子献桃”出自瑶池仙会，“皇母庆寿”寓意健康长寿。
琥珀是一种有机矿物，呈半透明状，因其硬度低、性脆等特性，所以不宜雕大件器物，多用以雕刻小型器物或摆件。此件鼻烟壶体形硕大，刻工繁复精湛，实属难得。

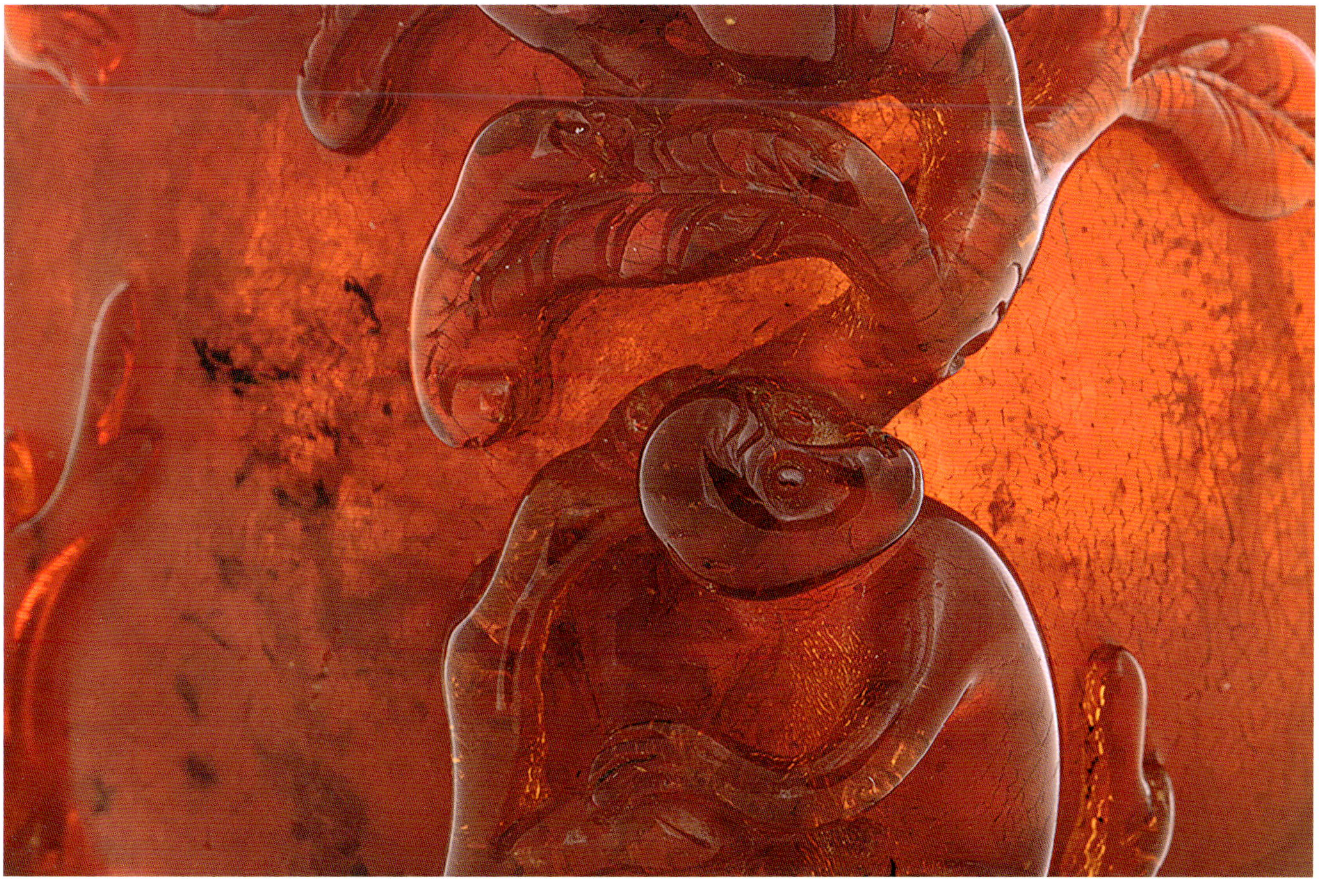

琥珀胎内画叶小三绘山水人物鼻烟壶

Inside painting amber snuff bottle with the pattern of landscape and figures painted by Ye Xiaosan

年代：民国
规格：高 6.0cm

此壶用老琥珀壶作胎，内画山水人物，署叶小三作，实属难得。

叶小三又名叶葶祺，叶仲三第三子，他自小随父亲与长兄学艺，得到父亲的真传。1957 年获得“工艺美术研究师”称号。他精通画花鸟，但作品存世不多。

琥珀胎内画叶小三绘
山水人物鼻烟壶

Inside painting amber snuff bottle with the pattern of landscape and a figure painted by Ye Xiaosan

年代：民国
规格：高 6.7cm

扁瓶形，直口溜肩，椭圆形圈足。此壶用老琥珀壶作胎，内画山水人物。

此壶山水人物画工精湛，用老琥珀壶作胎，殊为难得。

玻璃胎内画叶仲三
绘十二金钗鼻烟壶

Inside painting glass snuff bottle
with the pattern of Twelve Girls
of Red Mansion painted by Ye Zhongsan

年代：清晚期
规格：高 7.1cm

鼻烟壶玻璃材质，呈六瓣瓜棱形。内画红楼梦十二金钗，每个瓜棱两人一组。中间花草树木穿插其中，既独立又连贯，笔意生动，显示作者深厚的艺术功底。弹丸之地如此多的人物表现，实为少见。鼻烟壶肩部写有“乙未仲秋叶仲三作”。叶仲三，晚清京城内画壶高手，堂号“杏林堂叶”，与周乐元、马少宣并称为内画鼻烟壶的三大画匠。

玻璃胎内画叶仲三
绘武孝廉鼻烟壶

Inside painting glass snuff bottle with the pattern of *Wu Xiaolian* painted by Ye Zhongsan

年代：清晚期
规格：高 6.3cm

扁瓶形，玻璃胎，内画人物故事《武孝廉》。其中一面左上方署“武孝兼，辛酉夏伏叶仲三作”款识。另一面左上方有“刘姓”二字。

叶仲三擅长用浓重的色彩描绘人物故事，内画题材多取自古典名著，以雅俗共赏著称于世。

玻璃胎内画叶仲三绘葛巾鼻烟壶

Inside painting glass snuff bottle with pattern of *Ge Jin* painted by Ye Zhongsan

年代：清晚期
规格：高 6.3cm

扁瓶形，玻璃胎，内画人物故事《葛巾》。其中一面左上方署“香玉，癸卯仲秋叶仲三作”款识。另一面右上方有“葛巾”二字。葛巾是聊斋故事人物，此画延续了叶仲三惯用的内画题材与风格。

玻璃胎双联内画诸乐三绘花鸟山水鼻烟壶

Inside painting glass snuff bottle with the pattern of flowers and a bird on one side, and a landscape on the other painted by Zhu Lesan

年代：民国
规格：高 5.1cm

双联扁瓶形，玻璃胎，内画花鸟山水。

诸乐三原名文萱，字乐三，号希斋，出生于浙江安吉，精通书画篆刻，内画作品很少见。

玻璃胎内画周乐元绘
梅花渔翁鼻烟壶

Inside painting glass snuff bottle with the pattern of plum blossoms and a fisherman painted by Zhou Leyuan

年代：清晚期
规格：高 6.0cm

此壶一面画梅花绿竹，一面画渔翁行走于山涧，画面主题古朴精致，淡雅俊逸，画中有题跋，强调内容与画面协调一致，给人清秀高雅洒脱飘逸之感。

周乐元，北京人，生卒年月不详，为内画鼻烟壶的一代宗师，其作品题材广泛，善于山水人物、花鸟鱼虫及书法等，无不精美。

烟具一组（3 件）

A set of snuff tools (3 pieces)

年代：清中期
规格：高 1.2cm
　　　高 4.7cm
　　　高 15.0cm

烟具一套三件，由象牙制成，它由一个烟碟、一个烟漏和一个烟拨组成，是用来把鼻烟从大瓶分装到鼻烟壶内的工具。

大金花鼻烟

Snuff bottle with the big golden flower pattern

年代：清中晚期
规格：高 22.0cm

清代进口鼻烟多用刻花描金玻璃瓶装，大瓶的称大金花，小瓶的称小金花。

鼻烟是一种无烟烟草制品，以上好的烟叶，晒干磨成粉末，然后添加名贵药材粉末，装入密封容器，经一定时间的陈化即可。使用时不需燃点，以手指粘上烟末，轻轻送至鼻孔吸入。

索引

瓷器

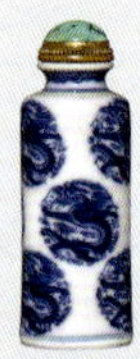

青花缠枝莲
鼻烟壶

青花缠枝花卉
鼻烟壶

青花八棱灵芝纹
鼻烟壶

青花缠枝花卉
鼻烟壶

青花缠枝花卉
鼻烟壶

青花群猴献寿筒式
鼻烟壶

青花钟馗嫁妹
鼻烟壶
042

青花孟母三迁
鼻烟壶
043

青花寒江独钓
鼻烟壶
044

青花寒江独钓
鼻烟壶
044

青花寒江独钓
鼻烟壶
044

青花山水人物
鼻烟壶
045

青花寒江独钓
鼻烟壶
045

青花寒江独钓
鼻烟壶
045

白釉淡青花狩猎图
鼻烟壶
046

白釉淡青花暗刻菊花纹
鼻烟壶
047

白釉云蝠青花点眼筒式
鼻烟壶
047

瓷胎画珐琅
鼻烟壶

粉彩一束莲
鼻烟壶
051

粉彩葫芦形
鼻烟壶
052

粉彩金地人物
鼻烟壶
053

青釉粉彩耄耋梅瓶
鼻烟壶
054

酱釉开光山水诗文
鼻烟壶
054

青花粉彩花卉
鼻烟壶
055

钧瓷窑变扁瓶形
鼻烟壶
056

仿汝葫芦形
鼻烟壶
057

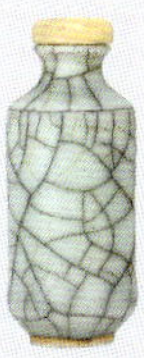
仿官釉
鼻烟壶
057

茶叶末梅瓶形
鼻烟壶
058

鳝鱼黄龙纹
鼻烟壶
058

炉钧釉梅瓶形
鼻烟壶
059

玻璃器

铁锈花釉胆瓶形
鼻烟壶
059

黄地素三彩
鼻烟壶
060

虎皮三彩喜报平安
鼻烟壶
060

黄地素三彩一鹭莲科
鼻烟壶
061

黄地褐彩独钓
鼻烟壶
061

玻璃胎画珐琅

涅白料画珐琅百花
不露地鼻烟壶
066

涅白料金地画珐琅
花卉纹鼻烟壶
071

涅白料金地画珐琅
富贵牡丹纹鼻烟壶
072

涅白料金地画珐琅
牡丹纹鼻烟壶
073

涅白料金地画珐琅
富贵牡丹纹鼻烟壶
074

涅白料画珐琅花卉纹
鼻烟壶
077

透明料画珐琅荷叶纹
盖碗形鼻烟壶
078

宝石蓝玻璃画珐琅
花草纹鼻烟壶
079

涅白料画珐琅浮雕
花鸟竹石纹鼻烟壶
080

涅白料画珐琅浮雕
凤戏牡丹纹鼻烟壶
083

涅白料画珐琅皮球花纹
鼻烟壶
084

涅白料画珐琅浮雕
龙衔灵芝纹鼻烟壶
085

涅白料画珐琅百花
不露地鼻烟壶
086

涅白料画珐琅百花
不露地鼻烟壶
086

涅白料百花不露地
葫芦形鼻烟壶
087

涅白料黄地画珐琅
葫芦形鼻烟壶
088

涅白料画珐琅浮雕
提篮花卉鼻烟壶
090

涅白料画珐琅
浮雕一鹭莲科鼻烟壶
091

涅白料画珐琅螭龙纹
磨棱鼻烟壶
092

涅白料画珐琅西洋
人物母子图鼻烟壶
093

涅白料画珐琅御题
洞石牡丹鼻烟壶
094

单色玻璃

山楂红玻璃扁瓶形
鼻烟壶
099

鸡油黄玻璃渔樵耕读
鼻烟壶

辣椒红玻璃渔樵耕读
鼻烟壶

牛血红玻璃菊花纹
鼻烟壶

辣椒红玻璃蝙蝠纹
鼻烟壶

辣椒红玻璃蝠寿纹
鼻烟壶

辣椒红玻璃
鹤鹿鹰熊纹鼻烟壶

青金石蓝玻璃仿古龙纹
鼻烟壶

宝石红玻璃簸箕纹
鼻烟壶

翠绿色玻璃簸箕纹
鼻烟壶

涅白玻璃簸箕纹
鼻烟壶

豆绿色玻璃簸箕纹
鼻烟壶

血珀红玻璃宝相花
鼻烟壶

胭脂水玻璃宝相花
鼻烟壶

酒黄色玻璃宝相花
鼻烟壶

湖水绿玻璃宝相花
鼻烟壶

宝石蓝玻璃扁壶形
鼻烟壶

柠檬黄玻璃扁壶形
鼻烟壶

浅豆绿玻璃扁壶形
鼻烟壶

鸡油黄玻璃圆饼形
鼻烟壶

浅松石绿玻璃圆饼形
鼻烟壶

山楂红玻璃扁瓶形
鼻烟壶

金红玻璃扁瓶形
鼻烟壶

透明玻璃扁瓶形
鼻烟壶

宝石红玻璃扁圆形
鼻烟壶

茶晶玻璃扁圆形
鼻烟壶

湖水绿玻璃
鼻烟壶

宝石红玻璃鼓腹坛形
鼻烟壶

茶晶玻璃蛋形
鼻烟壶

鸡油黄玻璃菊瓣纹
鼻烟壶

胭脂水玻璃菊瓣纹
鼻烟壶

宝石蓝玻璃瓜棱
鼻烟壶
120

鸡油黄玻璃瓜棱
鼻烟壶
120

淡绿色玻璃瓜棱
鼻烟壶
121

翠绿色玻璃扁壶形
鼻烟壶
122

松石绿玻璃几何磨棱
扁壶形鼻烟壶
122

浅豆绿玻璃几何磨面
扁壶形鼻烟壶
122

天青色玻璃扁壶形
鼻烟壶
123

宝石红玻璃几何磨棱
鼻烟壶
123

酒黄色玻璃扁壶形
鼻烟壶
123

苔藓绿玻璃鼓钉纹
鼻烟壶
124

茶晶玻璃鼓钉纹
鼻烟壶

透明玻璃鼓钉纹
鼻烟壶

胭脂红玻璃鼓钉纹
鼻烟壶
125

鸡油黄玻璃葫芦形
鼻烟壶

胭脂水玻璃葫芦形
鼻烟壶

宝石红玻璃葫芦双联
鼻烟壶

牛血红玻璃葫芦形
鼻烟壶

牛血红玻璃扁葫芦形
几何磨棱鼻烟壶

松石绿玻璃葫芦形
鼻烟壶
129

天蓝色玻璃葫芦形
鼻烟壶
129

宝石蓝玻璃八棱
几何面鼻烟壶
130

宝石红玻璃八棱
鼻烟壶
131

海蓝宝石色八棱
几何磨面鼻烟壶

宝石红玻璃八棱
凹凸面鼻烟壶

胭脂水玻璃八棱
几何面鼻烟壶
134

深绿色玻璃八棱
几何面鼻烟壶

湖水绿玻璃八棱
几何面鼻烟壶

茶晶玻璃八棱
鼻烟壶

深绿色玻璃八棱
几何面鼻烟壶

透明白玻璃八棱
几何面鼻烟壶

宝石红玻璃八棱几何面鼻烟壶

酒黄色玻璃八棱几何面鼻烟壶

宝石蓝玻璃八棱几何面鼻烟壶

松石绿玻璃八棱几何面鼻烟壶

天青色玻璃八棱几何面鼻烟壶

山楂红玻璃八棱几何面鼻烟壶

明黄色玻璃八棱鼻烟壶

海水绿玻璃八棱鼻烟壶

涅白玻璃八棱鼻烟壶

藕粉色玻璃八棱绳纹鼻烟壶

黄金星玻璃几何磨面鼻烟壶

胭脂红玻璃几何磨面鼻烟壶

宝石蓝玻璃几何磨面鼻烟壶

松石绿玻璃几何磨面鼻烟壶

鸡油黄玻璃几何磨面鼻烟壶

天青色玻璃几何磨面鼻烟壶

西瓜水玻璃仿古龙纹鼻烟壶

胭脂水玻璃松鹿图鼻烟壶

宝石蓝玻璃松鹤图鼻烟壶

胭脂水玻璃花卉形太极纹鼻烟壶

西瓜水玻璃双面花卉纹鼻烟壶

宝石红玻璃鼓钉菊花纹鼻烟壶

宝石红玻璃抱月瓶形八卦纹鼻烟壶

宝石蓝玻璃酒坛形绳纹鼻烟壶

浅松石绿玻璃酒坛形绳纹鼻烟壶

松石绿玻璃酒坛形绳纹鼻烟壶

翠绿色玻璃瓶形绳纹鼻烟壶

宝石蓝玻璃蕉叶龙纹鼻烟壶

胭脂红玻璃蕉叶龙纹鼻烟壶

青金石蓝玻璃六棱瓶形鼻烟壶

杏黄色玻璃盖碗形
鼻烟壶
153

青金石蓝玻璃盖碗形
鼻烟壶
153

松石绿玻璃瓶形
鼻烟壶
154

藕粉色玻璃瓶形
鼻烟壶
154

鸡油黄玻璃观音瓶形
鼻烟壶
155

浅豆绿玻璃观音瓶形
鼻烟壶
156

宝石红玻璃观音瓶形
鼻烟壶
157

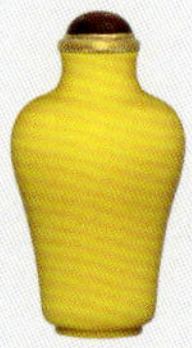
柠檬黄玻璃观音瓶形
鼻烟壶
157

青金石蓝玻璃
六瓣瓶形鼻烟壶
158

鸡油黄玻璃几何磨棱
圆瓶形鼻烟壶
159

青金石蓝玻璃六面
打洼圆瓶形鼻烟壶
159

柠檬黄玻璃六面打洼
圆瓶形鼻烟壶
159

青金石蓝玻璃
仿琮式瓶鼻烟壶
160

青金石蓝玻璃
喜鹊登梅鼻烟壶
161

松石绿玻璃梅花菊石纹
鼻烟壶

浅松石绿玻璃扁瓶形
双面刻花鼻烟壶

鸡肝色玻璃寿字纹
鼻烟壶

墨绿色玻璃
苍龙教子纹鼻烟壶

柠檬黄玻璃童子抱瓶
鼻烟壶
166

柠檬黄玻璃扁瓶形
鼻烟壶
167

宝石红玻璃圆瓶形
鼻烟壶
168

胭脂红玻璃圆瓶形
鼻烟壶
169

胭脂红玻璃灯笼形
鼻烟壶
170

宝石红玻璃扁瓶形
鼻烟壶
170

柠檬黄玻璃八棱柱形
鼻烟壶
171

翠绿色玻璃柱形
鼻烟壶
172

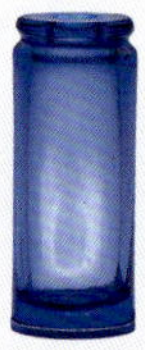
宝石蓝玻璃柱形
鼻烟壶

海水绿玻璃几何磨棱
鼻烟壶

透明玻璃几何磨棱
鼻烟壶

透明玻璃几何异形
磨棱鼻烟壶

酒黄色玻璃几何
异形磨棱鼻烟壶

亮绿色玻璃几何异形
鼻烟壶

仿玉白色玻璃锥形
鼻烟壶

藕粉色玻璃瓜棱
鼻烟壶

辣椒红玻璃摇铃尊形
鼻烟壶

藕粉色玻璃摇铃尊形
鼻烟壶

柠檬黄玻璃摇铃尊形
鼻烟壶

浅豆绿色玻璃双联
鼻烟壶

海蓝宝色玻璃双联
鼻烟壶

山楂红玻璃磨棱双联
鼻烟壶

雄黄色玻璃
螭龙衔环纹鼻烟壶

其他玻璃

绿色撒金星玻璃
鼻烟壶

亮黄色金星玻璃
葫芦形鼻烟壶

黑色撒金星玻璃
鼻烟壶

黑色洒金星玻璃
鼻烟壶

洒金点彩玻璃
鼻烟壶

搅胎玻璃几何磨面
鼻烟壶

雄黄搅胎玻璃
鼻烟壶

绿色搅胎玻璃
鼻烟壶

透明料点彩玻璃
鼻烟壶

点彩玻璃
鼻烟壶

贴塑蝴蝶花卉玻璃
鼻烟壶

涅白地套红料云龙纹
鼻烟壶

雪霏地套红料螭龙纹
鼻烟壶

雪霏地套红料
仙人指路鼻烟壶

透明地套红料兰花纹
鼻烟壶

雪霏地套红料花卉图
鼻烟壶

雪霏地套红料铺首纹
鼻烟壶

白地套红料双鱼纹
鼻烟壶

天青地套蓝料双鱼纹
鼻烟壶
202

珍珠地套红料
荷塘景色纹鼻烟壶
203

珍珠地套红料
荷塘鱼乐纹鼻烟壶
203

黄地套红料
鼻烟壶
204

深蓝地套白料
清供图纹鼻烟壶
205

涅白地套绿料
缠枝瓜果纹鼻烟壶
206

雪霏地套蓝料缠枝
葡萄纹鼻烟壶
206

白地套红料
猴子葡萄纹鼻烟壶
207

珍珠地套红料
文房清供鼻烟壶
207

雪霏地套红料
松鹿纹鼻烟壶
207

雪霏地套蓝料
螭龙螭凤纹鼻烟壶
208

涅白地套蓝料水仙纹
鼻烟壶
209

白地套红料松竹纹
鼻烟壶

玉器
玛瑙
水晶

御制羊脂白玉洒金皮
天狗纹随形鼻烟壶

白玉留皮巧雕人物
御赏鼻烟壶

白玉巧雕和合二仙
太极纹鼻烟壶

白玉御题秋海棠
扁瓶形鼻烟壶

碧玉御题梅花扁瓶形
鼻烟壶
219

白玉瓜棱兽面纹
鼻烟壶
220

白玉浮雕螭龙献寿纹
鼻烟壶
221

白玉浮雕双狮纹
鼻烟壶
222

黄玉巧雕五老图
鼻烟壶
223

黄玉带皮巧雕福寿纹
鼻烟壶
224

黄玉带皮光素
鼻烟壶
225

黄玉扁瓶光素
鼻烟壶
225

白玉磨棱
鼻烟壶
226

白玉方瓶形
鼻烟壶
226

青玉喜抱平安
鼻烟壶
227

白玉茄形
鼻烟壶
228

白玉茄形
鼻烟壶

白玉菊石纹
鼻烟壶

白玉铺首纹
鼻烟壶

翡翠螭龙纹
鼻烟壶

翡翠果蔬纹
鼻烟壶

翡翠布袋和尚纹
鼻烟壶

玛瑙御题梅花扁瓶式
鼻烟壶

玛瑙浮雕仿古龙纹
鼻烟壶

玛瑙八棱几何磨面
鼻烟壶

蛋形指纹玛瑙
鼻烟壶

随形影子玛瑙蟾纹
鼻烟壶

随形俏色多彩玛瑙
鼻烟壶

玛瑙双鱼
鼻烟壶

玛瑙俏色荷塘人物
鼻烟壶

玛瑙刻钟馗捉妖
鼻烟壶

玛瑙刻仙人对弈图
鼻烟壶

玛瑙巧雕牧马图
鼻烟壶

玛瑙巧雕鹰熊斗智图
鼻烟壶

玛瑙巧雕松鹤延年
鼻烟壶

玛瑙俏色扁圆形
鼻烟壶

玛瑙俏色
鼻烟壶

玛瑙俏色辅首纹
鼻烟壶

玛瑙巧雕菊花纹
鼻烟壶

玛瑙巧雕母鸡图
鼻烟壶

玛瑙巧雕垂钓图
鼻烟壶

冰糖玛瑙光素
鼻烟壶

冰糖玛瑙辅首纹
鼻烟壶

冰糖玛瑙辅首纹
鼻烟壶

玛瑙辅首纹
鼻烟壶

玛瑙俏色光素
鼻烟壶

玛瑙俏色辅首纹
鼻烟壶

水晶菊瓣纹
鼻烟壶

水晶簸箕纹
鼻烟壶

水晶菊石纹
鼻烟壶

水晶螭龙纹
鼻烟壶

水晶磨棱葫芦形
鼻烟壶

水晶鼓腹
鼻烟壶

水晶菊瓣纹
鼻烟壶

水晶鹰熊斗智图
鼻烟壶

发晶
鼻烟壶

其他

青金石嵌螺钿刻划描金
鼻烟壶

青金石扁瓶形
鼻烟壶

青金石仿古纹
鼻烟壶

抱子石磨棱
鼻烟壶

端石螭龙纹
鼻烟壶

寿山石诗文
鼻烟壶

铜胎雕漆山水人物
鼻烟壶

元宝形铜胎簪花描金
鼻烟壶

银胎掐丝珐琅
鼻烟壶

紫砂胎山水图
鼻烟壶

紫砂胎亭台楼阁人物图
鼻烟壶

紫檀木梅瓶
鼻烟壶

黄杨木梅瓶
鼻烟壶

影木雕金蟾抱瓶
鼻烟壶

宫廷染色象牙海屋添筹
鼻烟壶

象牙孩童
鼻烟壶

象牙烙画
鼻烟壶

扁瓶形象牙人物
鼻烟壶

琥珀瑞猴献寿
鼻烟壶

琥珀胎内画叶小三绘山水人物鼻烟壶

琥珀胎内画叶小三绘山水人物鼻烟壶

玻璃胎内画叶仲三绘十二金钗鼻烟壶

玻璃胎内画叶仲三绘武孝廉鼻烟壶

玻璃胎内画叶仲三绘葛巾鼻烟壶

玻璃胎双联内画诸乐三绘花鸟山水鼻烟壶

玻璃胎内画周乐元绘梅花渔翁鼻烟壶

烟具一组（3 件）

大金花鼻烟

后记

项晓群

从选题策划到展览开幕，“壶天馨境——清代鼻烟壶特展”历经一年多的筹备，终于有了很好的结果。由于疫情反复给展览、出版增加了不少困难，但有幸得到了中国航海博物馆以及雅昌艺术中心的鼎力支持，让展览与图书的出版得以顺利进行。

非常感谢中国航海博物馆的领导以及毛敏博士率领的展陈团队成员荣亮、陈晨、周丽婷为此次展览的倾力付出。感谢许永强、柴眩华、钟凤文等几位文物专家的指导与肯定。更要感谢雅昌艺术中心的摄影总顾问连旭，专程来上海拍摄作品。还要感谢所有为此次展览、出版付出努力的伙伴们。

文物艺术品是一个国家、一个民族不朽的记忆，它用物质的形式储存着不同时代的人文信息，传承着国家、民族生生不息的基因密码，证明着古老历史文化存在的合理性。民间收藏是国家收藏的基础。社会文物是由国家、民间文物组合而成的，是不可分割的一个组合体。作为一名民间收藏文物爱好者，不经意间成了守护、传承这个民族记忆的使者，倍感荣幸。

图书在版编目（CIP）数据

琳琅：清代鼻烟壶 / 项晓群，钟国苗，刘新岩著
. -- 杭州：西泠印社出版社，2024.4
ISBN 978-7-5508-4480-3

Ⅰ . ①琳… Ⅱ . ①项… ②钟… ③刘… Ⅲ . ①鼻烟壶
—介绍—中国—清代 Ⅳ . ① K875.2

中国国家版本馆 CIP 数据核字 (2024) 第 075520 号

琳琅：清代鼻烟壶

项晓群 钟国苗 刘新岩 著

责任编辑	李寒晴
责任出版	冯斌强
责任校对	谭贞寅
翻　　译	王家斌
摄　　影	连　旭
设　　计	雅昌设计中心
出版发行	西泠印社出版社
	（杭州市西湖文化广场 32 号 E 座 5 楼　邮政编码：310014）
经　　销	全国新华书店
制版印刷	上海雅昌艺术印刷有限公司
开　　本	889mm × 1194mm　1/16
字　　数	200 千
印　　张	19
印　　数	0001—1050
版　　次	2024 年 4 月第 1 版 第 1 次印刷
书　　号	ISBN 978-7-5508-4480-3
定　　价	460.00 元

西泠印社出版社发行部联系方式：（0571）87243079